결 : : 거칢에 대하여

결
:
거침에

대하여

홍세화 사회비평에세이

한겨레출판

차례

결: 거칢에 대하여

섬세하지 못한 글: 자유를 위해

돌아보니 거친 글을 주로 써왔다.

난민 생활 20년 뒤 귀국이 가능해졌을 때 파리를 좌우로 나누며 흐르는 센 강변에서 소박한 다짐이 있었다. 우연의 산물인 『나는 빠리의 택시운전사』가 없었더라면 센 강변에서 배회하다가 소멸했을 존재의 자리에서 사물과 현상을 보고 글을 쓰겠노라는 다짐이었다. 내 딴에 그것은 자유인의 선언이었다. 『나는 빠리의 택시운전사』는 베스트셀러에 속했고 나의 형편을 다르게 했다. 그 책으로 나는 보잘것없지만 상징자본까지 갖게 되었고 언론고시를 치르지 않고 언론인이 될 수 있었다. 그러니까 나의 자유인 선언은 나를 지킬 만한 물적 조건을 갖게 된 자로서 오랫동안 불안에 시달리며 살았던 나 자신에 대한 연대의 표시이기도 했다.

"창밖에 밤비가 속살거려 / 육첩방은 남의 나라…." 편서풍 때문일 것이다. 파리에 내리는 비는 머리에 떨어지지 않고 주로 얼굴을 때렸다. 윤동주의 〈쉽게 쓰여진 시〉 중에 그 부분밖에 떠오르지 않았다. 시의 전문을 찾아볼 생각은 없었다. 밤비가 오지 않아도 "창밖에 밤비가 속살거려 / 육첩방은 남의 나라"를 되뇌곤 했다. 불안에서 벗어나지 못한 일상의 후렴구 같은 것이었는데, 마침내 그것을 멈추게 되었을 때, 사병으로 남겠다는 소싯적 의지가 오롯이 되살아났다. 장교는 나이를 먹으면서 진급한다. 사병은 나이를 먹어봤자 사병으로 남는다. 실제 전투는 주로 사병이 한다. 하지만 거의 모두 사병으로 남지 않고 장교가 되려고 한다. '그래, 그럼 나는 끝까지 사병으로 남겠어!' 젊은 시절에 호기롭게 가졌던 생각이 나이를 먹을 만큼 먹은 뒤에도 떠나지 않았다. 이방인 생활이 20년 넘게 이어졌지만, 그 시간은 한국에 있었더라면 가능했을 수 있는 '철든 장교로의 진급'과도 무관했다. 내 정서는 한국을 처음 떠났을 때의 나이인 30대 초반에서 크게 벗어나지 않았다. 귀국 후 동기 동창생들을 만났을 때 희한한 경험을 했다. 대부분 세속적인 출세에 성공한 그들의 품새와 말투 때문이었는지 자꾸만 그들이 한참 선배로 여겨지는 것이었다. 나는 속으로 "나랑 동기생이야!"라고 되뇌곤 했다.

20년 동안의 난민 생활이 나에게 준 또 하나의 선물이 있다. 이른바 'KS' 출신으로서 가질 수 있는 우월의식, 엘리트 의식이 거의 사라졌다는 점이다. 한국에 계속 살았다면 그런 의식을 없애야 한다고 다짐했어도 쉽게 소멸되지 않았을 것이다.

세월은 또 흘렀고 적잖은 선배와 동료들이 세상을 떠났다. 나를 남민전(남조선민족해방전선준비위원회)으로 이끈 고교 동창생 박석률도 3년 전에 세상을 떴다. 모진 고문과 오랜 수감 생활을 겪었던 그는 끝내 이 세상의 광영과는 티끌만치의 인연도 없이 생을 마감했다. 브레히트의 시 〈살아남은 자의 슬픔〉에 나오는 "강한 자만이 살아남는다. 그러자 나는 자신이 미워졌다"라는 문장이 자주 떠오르는 것은 아니다. 그럼에도 운이 좋았던 덕에 아직 살아남아 있는 것은 분명하다. 청년 시절 잠시 중앙정보부 6국과 치안본부의 또 다른 '남영동'인 서울시경 대공분실과 보안사령부 서빙고동 취조실에서 단련을 받기는 했지만, 남민전 동료들과 선후배들이 겪어야 했던 고난에 비하면 내가 겪은 일은 아무것도 아니었다. 나처럼 소심한 사람에게 오랜 수감 생활은 그것만으로 인간성의 파괴를 불러왔을 것이다. 아니, 수감 생활 이전에 남영동이나 중앙정보부에서 거쳐야 했던 통과의례만으로도 나는 인간이기를 스스로 부정하는 데 이르렀을 것이다. 그렇게 인간성이 처절하게 무너져 내릴 수 있었던 시간에 나는 우아하고 경쾌한 파리의 카페에서 에스프레소 한 잔에 초승달 빵(크루아상)을 먹었고 담배를 피우며 〈르 몽드〉 신문을 읽었다. 내 몸과 정신에 국가 폭력의 상흔이 녹아 있다는 점을 부정할 수 없지만 뼈만 앙상하게 남을 만큼 마모되고 피폐해지지는 않았다.

박정희 유신체제의 철권통치가 관철되던 1970년대에 청년 시절을 보냈기 때문일 것이다. 한국 땅을 떠나 오를리 공항에 처음 도착했을 때, 아주 잠깐 동안이었지만 사람들이 중력 없는 땅에 살고 있다는 착각이 들었다. 그것은 내가 일찍이 느껴보지 못한, 약동하는 자유의 환영(幻影)과 같은 것이었다.

"착하면 손해 본다. 그래도 넌 착한 사람이 되어라!"

어린 시절 외할아버지의 말씀을 묵묵히 들었던 건 꼭 착한 사람이 되겠다는 다짐보다 꽤 괜찮았던 학교 성적이 자신감을 갖게 했던 요인이 더 크게 작용했다. "까짓것 손해 좀 보지 뭐!" 손해를 좀 봐도 남는 게 있을 테니 크게 걱정할 일이 아니라고 생각했다. 순진했거나 오만했거나 둘 다였다. 그때 나는 "꿩도 먹고(착하게 살기) 알도 먹는(편하게 살기)" 황금분할의 가능성을 전망하고 있었던 셈이다. 하지만 이 세상이 그런 황금분할의 삶을 쉽게 허락하지 않는다는 것을 알아차리는 데에는 많은 시간이 필요치 않았다. 나는 착하게 살기가 조금 손해 보는 정도에 머물지 않고 편하게 살기와 정면으로 충돌한다는 것을 알아야 했다. 초등학교 시절 외할아버지한테서 들었던 '개똥 세 개' 이야기가 내 가슴을 적신 뒤부터 나에게 착하게 살기는 순응하며 살기가 아니라 올바로 살기, 인간답게 살기로 자리 잡혔다. 일본제국주의에 맞서 싸웠던 김학철 선생은 "편하게 살려거든 불의를 외면하라! 인간답게 살려거든 그에 맞서라!"라는 유언을 남겼다. 그의 유언에서 편하게 사는 것과 인간답게 사는 것은 대구(對句)를 이룬다.

편하게 살기와 인간답게 살기를 정면으로 충돌하게 만드는 것은 자유롭고 존엄하게 태어난 인간에게 온갖 억압기제로 굴종과 복종을 강요하는 정의롭지 못한 세상이다. 김학철 선생이 살았던 세상과 내가 아직 살고 있는 세상, 그리고 앞으로 후배들이 살아갈 세상은 자유를 억압하거나 왜곡하고 정의롭지 못하다는 점에서 얼마나 다를까? 나의 젊은 영혼을 옥죄었던 국가 물리력에 의한 고문 행위와 그에 대한 공포심을 젊은 후배들이 겪지 않게 된 것은 실로 다행스러운 일이다. 권위주의 군사독재체제에서 벗어나는 아주 중요한 발걸음을 내디뎠으나, 그러고는 거기서 멈추었다. 간디는 거의 한 세기 전에 사회를 병들게 하는 사회악으로 일곱 가지를 꼽았다. '원칙 없는 정치' '노동 없는 부' '양심 없는 쾌락' '인격 없는 지식' '도덕 없는 상업' '인간성 없는 과학' '헌신 없는 신앙'이 그것이다. 그로부터 한 세기 가까이 지났지만 그가 꼽은 일곱 가지 사회악은 이 땅에서 그대로 나타나고 있다.

"신은 모든 사람의 필요를 충족시켜주지만, 단 한 사람의 탐욕도 만족시킬 수 없다"고 했던 간디의 또 다른 말에서 알 수 있듯이, 가진 자와 힘센 자의 탐욕은 가진 자와 힘센 자의 것이어서 통제되기 어려운데, 정의롭지 못한 세상이란 그로 인해 수많은 사람들이 기본적인 생존 조건도 충족하기 어려운 세상을 말할 것이다. 인간이 자유를 포기한다는 것은 다른 어떤 이유보다 물질의 결핍 상태가 지속될 수 있으리라는 불안 때문이다. 자본주의 사회는 인간의 자유나 사람됨에는 관심이 별로 없다. 그의 소유물과 그가 속한 집단, 계층에 관심이 있다. 자본주의 사회에서 중요한 것은 인간이 아니라 그가 가진 구매력이기 때문이다. "현대인들의 1차적 관심사는 자신의 은행 잔고"

라는 어느 철학자의 말이 시사하듯, 구매력을 높이거나 유지하기 위한 긴장만 남은 것, 그래서 어떤 존재가 될 것인가라는 물음에는 관심이 없는, 자기 형성의 자유를 일찍부터 내던진 삶을 살아가는 것이 한국 사회 구성원 대다수의 모습이라는 점을 부인하기 어렵다.

청년 시절부터 품었던 호기로운 생각, 수염 풀풀 날리는 척탄병으로 남고자 하는 자의 안간힘이라는 것을 안다. 이 세상을 조금은 더 정의로운 세상, 조금은 더 자유가 확장되고 약동하는 사회가 되도록 만드는 게 우리 삶의 중요한 의미가 되어야 한다고 말하는 것. 끝내 철들지 못한 것도, 그래서 글이 섬세하지 못한 것도, 그런 안간힘에서 비롯되었다고 변명하는 것까지.

오늘처럼 권력과 물질이 승리를 구가하는 시대에 지배와 복종에 맞서겠다는 자유인은 모순적 존재일 수 있다. 자유인으로 남기 위해서는 세속 사회에서 패배자가 되어야 한다. 인간사에서 반지배주의자(아나키스트)는 자유인의 전형이라고 할 수 있는데, 그들은 거의 숙명처럼 패배자의 길을 걸었다. 그들은 가령 마오쩌둥의 "권력은 총구에서 나온다"라는 말을 이념 이전에 정서로 받아들이지 않을 것이다. 그들도 총을 들었지만, 그것은 폭정에 저항하기 위해서였지 권력을 장악하여 지배하기 위함이 아니었다. 반지배주의자들이므로. 『패배자의 회고록』의 저자 미셸 라공은 "난 확신하오. 패배자들에 대한 기억이 소멸되지 않도록 하기 위해서는 소수의 힘만으로도 충분하"다고 말했다. 반지배주의자인 주인공은 러시아혁명과 스페인전쟁을 거쳐, 68혁명에 이르기까지 살아남아 자신과 동료들의 패배를 증언한다. 빅토르 위고가 소설 『93년』에서 "혁명의 절대성 위에 인간의 절대성이 있다"고 말했던 것은, 인간과 사회를 위한다는 이념을 실현하기 위해 권력을 장악해야 한다고 말하지만 그것 자체에 인간과 사회를 배반할 인자를 내포하고 있다는 걸 간파했기 때문이 아니었을까. 강제력에서 벗어난 자유인들의 자발적 연대를 꿈꾼 반지배주의자들은 전쟁을 멈출 전망이 보이지 않는 현 단계의 인간 세상에서는 패배할 수밖에 없을 것이다. 그래서 그 또한 안간힘으로 말했을 것이다. "패배자들에 대한 기억이 소멸되지 않도록 하기 위해서는 소수의 힘만으로도 충분하다"고.

과거에는 노예들 중 소수가 해방을 위해 용감하게 싸웠다면, 오늘 '멋진 신세계'의 노예들은 대부분 계속 노예로 편하게 살기 위해 경쟁하고 있다. 편하고 안락한 삶에 대한 욕망 앞에서 자유의 참된 의미는 점점 더 힘을 잃고 있다. 이 거친 글은, 감히 말하건대, 한국 사회라는 산(山)에서 내려오는 한 선배가 산에 오르는 젊은 후배와 만났다고 가정하여, 누구의 어법을 빌려 다시 또 감히 말하건대, '조금 더 낫게' 패배하는 자유인이 되게 하고 싶은 안간힘에서 비롯된 것이다. 설령 그 후배가 소수도 아닌 극소수에 지나지 않을지라도.

제 1 부

자유, 자유인

남이 당신의 몸에 함부로 범접하지 않기를 바란다면 당신 또한 남의 몸에 함부로 범접하지 말라. 모든 사람의 몸을 존중하라. 모든 몸에는 생명과 정신이 깃들어 있다. 모든 여자와 모든 남자, 모든 어린이와 모든 학생, 모든 노인의 몸을 존중하라. 완력이 약하다고 여성, 어린이, 노인의 몸에 폭력을 가하는 것은 어떤 사연이 있든 그 자체로 야만이다. 모든 장애인의 몸을 존중하라. 모든 체육 선수들의 몸을 존중하라. 모든 성소수자와 이성애자의 몸을, 모든 노동자의 몸을, 비정규직과 아르바이트 노동자의 몸을 존중하라. 모든 이주노동자의 몸, 모든 이주여성의 몸, 모든 난민의 몸을 존중하라. 모든 재소자의 몸을 존중하라. 그리하여 모든 내 가족의 몸을, 모든 이웃의 몸을 존중하라. 이것이 자유와 인권의 출발점이며 조건인 하베아스 코르푸스(habeas corpus) 정신이다.

나를 짓는
자유

'짓다'라는 우리말 동사는 흥미롭다. 농사를 '짓고' 옷을 '짓고' 집을 '짓는다'고 써서, 인간 생존에 필수적인 의식주가 모두 '짓다'라는 동사의 목적어가 된다. 의식주의 부족은 '춥고 배고픔'의 비참함을 가져온다. 잘 짓고 고르게 나누어 이 세상 사람 중 누구도 '춥고 배고픔'을 겪지 않도록 해야 한다. 자유는 스스로를 지킬 수 있는 기본적인 물적 토대를 필요로 하며, 이 기본적인 물적 토대는 인간의 존엄성과 행복추구권의 조건이기도 하다. 춥고 배고픔이라는 가난과 그런 결핍 상태의 지속에 대한 불안은 사람들로 하여금 '나를 짓는 자유'를 누릴 수 없게 한다. 양극화된 사회, 승자독식의 구조 아래 수많은 사람들은 삶의 과정에서 합리적 선택을 가능케 하는 기본적 자원조차 가지기 어렵게 되었다.

우리가 이웃 중 누구도 춥고 배고픔이라는 가난과 그런 가난에 대한 불안 때문에 자유로운 존재에서 멀어지지 않도록 의식주를 잘 지어야 하듯이, 우리 각자에게도 잘 지어야 할 게 있다. 바로 나 자신이다. 한번 태어난 존재인 나, 나를 잘 지어야 한다. '나를 어떤 존재로 지을 것인가'라는 물음을 부단히 던져야 한다. 나를 어떻게 지을 것인지는 나에게 달려 있다. 나를 잘못 지으면 내 삶을 그르칠 뿐만 아니라, 내가 속한 사회에도 나쁜 영향을 미친다. 이상주의자의 꿈같은 상상이지만 모든 사회 구성원들이 물질적 결핍의 불안에서 벗어나, 각자 자기를 조금은 더 훌륭하고 조금은 더 아름답고 조금은 더 올바른 존재가 되도록 지으려고 애쓴다면…. 나를 잘 짓기에도 주어진 시간이 부족한데 남을 지배하고 억압하려고, 온갖 술수와 모함을 꾸미려고 시간을 허비할 것인가. 나를 잘 짓기 위해서는 무엇보다 남과 비교하는 일을 멈춰야 한다. 우리 학교 교육은 어린 시절부터 남과 비교하고 경쟁하는 데 익숙하게 만든다. 남보다 우월한 나를 추구한다면, 내 삶의 기준이 내가 아니라 남이 된다. 그런 삶에서는 나를 짓는 자유를 온전히 누리기 어렵다.

각자 자기가 처한 시대적 환경과 조건이 있다. 하지만 그것들은 내가 나를 짓는 자유를 근본적으로 가로막지 못한다. 나를 내가 아닌 남이 대신 지어준다고 가정하면 나는 꼭두각시일 뿐이며 자유는 이미 온데간데없다. 나는 나를 짓는 주체이면서 내가 짓는 객체다. 주체인 동시에 객체로서 하나인 나, 인간이 본디 자유로운 존재이면서 외로운 존재인 것은 이 점에서 비롯된다. 자유롭기 때문에 외롭고, 외롭기 때문에 자유롭다. 어느 고즈넉한 황혼 녘에 초승달을 바라보며 느닷없이 가슴 저 깊은 데서 우러나오는 근거 없는 슬픔에 겨워하거나, 아직 살아 있음에 가없이 기뻐하는 인간의 모습은 자유로우면서 외로운, 외로우면서 자유로운 존재의 눈물겨운 모습이다. 그렇게 인간은 자기를 짓는 자유, 자기 형성의 자유를 누리는 외로운 존재다.

자유는 외로움을 대가로 치러야 한다. 외로움과 함께 밀려오는 심리적 불안도 대가로 치러야 한다. 자유는 외로움과 불안의 조건 아래 얻을 수 있으므로 자유인은 외로움을 즐길 줄 알아야 하며, 심리적 불안을 극복할 수 있는 독립성을 갖춰야 한다. 외로운 존재인 나를 대면하는 또 하나의 나를 상정하여 그 둘 사이에 '소리 없는 대화'를 나누는 것은 외롭고 불안한 나를 자유로운 존재로 지킬 수 있는 길의 하나다. 여기서 '소리 없는 대화'의 주제는 사회적 존재로서 자신의 삶의 의미와 지향일 것이다. 그것의 고갱이를 나는 사랑이며, 참여와 연대라고 말한다. 그런 고갱이를 자기 내면에 탄탄히 간직한 사람일

수록 자유의 대가로 치러야 하는 외로움과 심리적 불안을 잘
이겨낼 수 있다.

　자기 내면에 이웃에 대한 사랑과 참여, 연대의 의지가 없
고 자유의 조건인 외로움과 불안이 버거워지면 자유로부터 스
스로 도피할 위험이 있다. 『자유로부터의 도피』에서 에리히 프
롬이 말했듯이, 어딘가에 속해 있지 않고 삶이 어떤 의미와 방
향도 갖지 않으면 자신의 존재가 한낱 티끌처럼 느껴지고 무의
미하다는 느낌에 압도당하게 된다. 프롬은 나치 치하의 독일인
들이 자유를 원하는 대신 자유로부터 스스로 벗어나려 노력했
다고 지적했다. 전체주의 나치즘에 저항하는 자유는 그 자유의
주체에게 외로움과 불안을 안긴다. 게다가 그 불안은 심리적
차원에 머물지 않았다. 이러한 외로움과 불안에서 벗어날 수
있는 길은 나치의 일원이 되어 그에 복속하는 데 있었다. 조지
오웰의 『1984』에 "자유는 예속"이라는 구호가 나온다. 언뜻 반
어법 같지만, 자유와 예속 사이에 자유의 조건인 외로움과 불
안을 삽입하면 "자유는 예속"이라는 구호가 단순한 반어법이
아니라는 것을 알 수 있다. 외롭고 불안한 개인들은 집단 속에
안주하고 싶어 하고, 집단 중에서도 다수파에 속하고 싶어 한
다. 다수파에 속한 개인들은 성찰적 자아가 되기 어려워 반성
적 삶을 살지 않고 지배체제가 요구하는 톱니바퀴의 일상에 충
실하게 복무할 위험이 있다. 그런 일상에 갇혀 사유하지 않으
면 자신이 무슨 행동을 하는지조차 비판적으로 인식하기 어렵

다. 한나 아렌트가 아이히만을 통해 통찰했던 것은 '악의 평범성'이 "사유하지 않는" 잘못에서 비롯되었다는 점이었다.

나치즘은 독일인들에게 삶의 의미와 방향도 부여했다. 열등한 존재로 타자화한 유대인들을 "제거해야 세계를 깨끗이 정화할 수 있다"고 말이다. 독일 민족은 우월한 존재로서 세계를 정화하는 위대한 과업을 수행하게 된 것이다. 그들은 유대인들을 절멸시키는 '최후의 해결' 이후에도 또 다른 유대인들을 필요로 했을 것이다. 그들보다 열등한 집단이 존재해야 독일 민족의 우월성을 증명할 수 있고, 그런 바탕 위에 독일 민족을 하나로 뭉칠 수 있었기 때문이다. 동시에 그 열등한 집단을 세계에서 제거하는 것이 그들 삶의 중요한 의미로 자리 잡혀야 했기 때문이다.

우리는 올더스 헉슬리의 『멋진 신세계』를 비롯하여 SF 소설이나 영화에서 '하류인간'이 대량 생산되는 광경을 보고 끔찍해한다. 나와 똑같은 인간이 공장에서 생산되어 도시에 쏟아져 나온다고 상상해보자. 나라는 존재는 이미 존재할 수 없다. 그렇다면 세상 사람들이 모두 나와 다르다는 점에 안도하고 반겨야 하는데 그러지도 않는다. 자기와 비슷한 사람을 만나면 차이를 찾으려 애쓰고, 자기와 다른 사람을 만나면 자기와 같지 않다고 시비를 건다. 이 모순적 태도는 남에 비해 내가 우월하다는 점을 확인하면서 만족해하려는 인간의 저급한 속성에서 비롯된 것이다. 이 속성은 필연적으로 나와 다른 남을 나보다 열등한 존재로 규정하고 차별, 억압, 배제하는 데 동의하도록 작용한다. 정치의 타락상은 대부분 정치인들이 대중의 이런 속성을 부추기면서 자신의 영향력을 강화하려고 도모할 때 일어난다.

어느 집단에 속하는가에 따라 그 사람의 가치를 판단하는 사회 환경에서 나를 짓는 자유는 왜곡되거나 억압된다. 나를 짓는 자유를 누리는 과정을 통해 형성되는 개인의 가치가 집단주의에 의해 배척되거나 수렴되기 때문이다. 한국 사회는 개인주의를 이기주의와 동일시하는 경향이 있다. 개인주의는 본디 타인의 자유와 권리를 침해하지 않는 조건 아래 각자 자신의 자유와 권리를 누리는 것이다. 타인에 대한 배려 없이 타인의 자유와 권리, 이익을 침해하면서 자기만의 자유와 권리를 누리려 하는 이기주의는 개인주의와 전혀 다르다.

이처럼 개인주의와 이기주의는 전혀 다름에도 불구하고 한국 사회에서 개인주의를 이기주의와 마찬가지로 부정적으로 인식하게 된 원인으로는 '압축 근대'의 빠른 속도 때문에 근대적 개인의 가치가 제대로 정립되지 못한 점을 들 수 있다. 집단의 하중이 워낙 무겁기 때문이기도 하다. 개인의 가치가 정립된 사회에서는 개인으로서 나의 가치, 개인으로서 나의 자유가 존중받으려면 내가 다른 사람의 개인의 가치, 다른 사람의 자유를 침해하지 않고 존중해야 한다는 점을 어렵지 않게 인식할 수 있다. 개인의 가치가 제대로 정립되지 못한 한국 사회에서는 집단에 숨은 이기주의가 팽배해 있다. 인간은 어차피 이기적인 존재다. 사회적 존재인 각 개인은 자유의 주체이면서 책임의 주체이기도 하다. 개인주의가 살아 있지 않은 사회에서 개인의 가치가 중요하게 여겨지지 않는 만큼 책임은 지지 않고 집단에 숨어 사적 이익을 챙기는 것이다.

우리는 가령 정치권이라는 집단, 검찰이라는 집단, 사법부라는 집단, 언론이라는 집단 전체를 싸잡아 비판하거나 비난하고 그 집단에 속한 구성원 개인의 책임에 대해서는 등한시하거나 묻지 않는 경향이 있다. 그 집단들이 현대사에서 권력이나 기득권을 잘못 행사하거나 누려왔기 때문에 집단의 탓으로 돌릴 수도 있으나, 앞으로는 어느 정당의 '어느 정치인이 이런 발언을 했다' '사법부의 어느 판사가 어떤 판결을 내렸다' '어느 신문의 어느 기자가 이런 기사를 썼다' 등으로 개인의 언행을 드러내고 그에 따른 책임을 강조할 필요가 있다. 또 개인 각자의 올바른 언행에 대해서는 칭찬하고 고무하는 일을 적극적으로 해야 한다. 특히 내부고발자들을 보호하고 격려하는 사회적 장치가 필요하다. 그렇지 않으면 앞으로도 계속 집단에 숨어 기득권을 누리면서 책임은 지지 않는 이기주의자들이 양산되는 것을 막기 어려울 것이다. 실제로 이 땅을 오랫동안 지배해온 기득권 세력의 대부분은 집단에 숨은 이기주의자들이었다. 그들이 개인의 가치, 각 개인의 '나를 짓는 자유'를 중요시하지 않았던 것은 당연한 일이다.

자유의 조건인 외로움과 불안이 버거워 자유로부터 도피하는 사람에게 그 외로움과 불안에서 벗어나게 해주는 것은 스스로 우월하다고 믿게 해주는 그의 소유물과 그가 속한 집단이다. 한국 사회의 다이내믹한 모습은 거의 모든 구성원들이 '나는 얼마나 많이 소유할 것인가' '나는 어느 집단에 속할 것인가'를 놓고 치열하게 경쟁하는 데서 비롯된다. 각자가 나를 짓는 자유로 약동하기 때문이 아니다. 사회 구성원 각자가 조금이라도 더 나은 존재가 되기 위해 반성적 성찰과 실천을 하지 않는 사회는 사회 비판 의식이 결여되어 뻔뻔한 지배 집단과 시시한 피지배 집단을 형성한다. 그리하여 부의 크기와 소속 집단이 그 사람의 가치를 판단하는 기준이 될 때, 가난한 사람·장애인·여성·성소수자·이주노동자·난민은 가진 자·비장애인·남성·이성애자·내국인의 우월성을 확인해주는 존재가 된다. 차별, 억압, 배제가 횡행한다.

자유를 '내 멋대로 하는 것'으로 잘못 알고 있는 사람들이 적지 않다. 잘못된 언행을 저지르고 "그건 내 자유야!"라고 응수하는 사람들도 있다. 이는 자유에 대한 몰이해를 넘어 모독이다. 자유가 자기 멋대로 할 수 있다는 뜻이 아니라는 점은 나의 '내 멋대로'가 다른 사람의 자유를 침해한다는 점을 통해 금세 알 수 있다. 존 스튜어트 밀이 『자유론』에서 강조했듯이, 자유는 타인에게 해를 끼치지 않는 선까지만 인정된다. 타인에게 해를 끼친다는 것은 그의 자유를 해친다는 말이기 때문이다.

이사야 벌린은 자유를 소극적 자유와 적극적 자유로 구분했다. 소극적 자유는 강제가 없는 상태로 내가 외부의 간섭과 방해를 받지 않고 행동한다는 것을 말하며, 이는 다른 사람에 의해 내 욕구가 박탈당하는 억압과 반대된다. 소극적 자유가 남으로부터 간섭받지 않는 자유를 뜻한다면, 적극적 자유는 "내 삶과 나의 결정이 외부의 그 어떤 힘이 아닌 오로지 나로부터 비롯된다"는 것을 뜻한다. "나는 나의 합리성이 나의 선택과 그에 따른 책임을 질 수 있을 때 자유로운 반면, 내 결정이 나로부터 비롯된 게 아니라는 것을 인식해야 할 때, 그것은 굴종"이다. 이러한 이사야 벌린의 적극적 자유 개념은 필연적으로 '참된 나'와 비합리적인 영향으로 '왜곡된 나'를 구분하도록 요구한다. 그는 적극적 자유가 전제(專制)의 위험이 있다는 것을 놓치지 않았다. 힘센 자의 적극적 자유 행사가 많은 사람의 소극적 자유를 침해할 수 있기 때문이다. '갑질'이 만연한 한국 사회에서 사회적 약자와 소수자들은 소극적 자유도 누리기 어렵다는 것을 알 수 있다. 그렇다면, 이런 상상은 어떨까? 모든 사람이 다른 사람의 자유를 보장하고 확장하기 위해 적극적으로 참여하고 행동하는 것을 자신의 적극적 자유의 주된 내용으로 삼는다는 상상 말이다.

나를
고결하게 지을
자유

나를 짓는 자유의 중요한 전제는 나의 자유의지가 내 생각의 범주를 벗어날 수 없다는 점을 인식해야 한다는 것이다. 내 생각의 영역을 벗어난 나의 자유의지는 가능하지 않다. 또 내 생각이 나의 존재, 나의 정체성에서 벗어나거나 나의 존재, 나의 정체성을 배반하는 것은 아닌지 물어야 한다. 자유인이 되고자 할 때 이 질문들은 대단히 중요하다. 오늘 세상을 지배하는 것은 물신주의다. 물신주의가 사람들의 사유세계를 지배한다는 뜻이다. 돈이 아무리 중요해도 사람이라면 돈의 주인이 되어야지 돈의 노예가 되어서는 안 되는데, 돈 앞에서 자유를 내던진 사람이 한둘이 아니다. 나를 짓는 자유를 내던진 행태라고 할 수 있다. 이런 사회에서 자신의 존재를 성숙시키고 아름답게 가꾸는 데서 오는 내면적 충만감과 즐거움, 그런 충만감과 즐거움을 누리는 나와 네가 맺는 아름다운 관계를 기대하기는 어렵다. 프롬은 『소유냐 존재냐』에서 '소유적 인간'과 '존재적 인간'을 이렇게 구분했다.

> 소유적 존재양식에서 인간은 남들과 비교하여 자신이 우월하다는 데에서, 힘을 지니고 있다는 의식에서, 그리고 결국 정복하고 약탈하고 죽일 수 있는 자신의 능력에서 행복을 발견한다. 그러나 존재적 실존양식에서 행복은 사랑하고, 나누며, 베푸는 것에 놓여 있다.

> '소유적 인간'은 자기가 가진 것에 의존하는 반면, '존재적 인간'은 자신이 존재한다는 것, 자기가 살아 있다는 것, 기탄없이 응답할 용기만 지니면 새로운 무엇이 탄생하리라는 사실에 자신을 맡긴다. 그는 자신이 가진 것을 고수하려고 전전긍긍하느라 거리끼는 일이 없기 때문에 대화에 활기를 가지고 임한다. 그의 활기가 전염되어 대화의 상대방도 흔히 자기중심주의를 극복할 수 있다.

그러나 세상은 소유적 인간들이 지배하고 있다. 프롬은 "자유라는 무거운 부담을 피해 다시 의존과 복종으로 돌아갈 것인지, 아니면 인간의 독자성과 개인성에 바탕을 둔 적극적인 자유를 완전히 실현하는 방향으로 나아갈 것인지 선택의 기로에 있다"고 말했다. "선택의 기로에 있다"는 것은 아직 우리에게 자유의 여지가 남았다는 뜻이겠다. 중요한 출발점 중 하나는 '우월한 집단'이라는 가짜 믿음, 이념, 주장에 이성적으로 사유하는 자유인으로 맞서는 데 있을 것이다. 인종주의, 극우주의, 배타적 민족주의, 지역주의, 남성우월주의, 성소수자·난민·이주노동자에 대한 차별과 혐오, 배제에 맞서고 그런 것들을 지양해야 할 것이다.

나를 짓는 자유를 누리는 자유인은 고결함을 지향한다. 비단결이 고운 것은 올이 많아 섬세하기 때문이다. 자유인은 사물과 현상을 인식하는 사유의 올들에 하나의 올이라도 더 보태거나 수정하여 조금 더 섬세하고 정교하게 세상을 인식하려고 노력할 것이다. 남과 나를 비교하는 대신 어제의 나와 오늘의 나를 비교할 것이다. 어제보다 조금 더 나은 존재로 나를 짓기 위함이다. 그는 '회의하는 자아'다. 회의하지 않는 사람에게 나를 짓는 자유는 무의미하다. 고쳐 짓거나 새로 지을 게 없는, 이미 완성된 존재이기 때문이다. 이렇게 자유인이 '회의하는 자아'로서 지향하는 고결함은 제로섬게임이 적용되는 고귀함과 다르다. 고귀함은 '귀함'이 뜻하듯 태생적으로 선택된 사람이거나 남과 경쟁하여 승리한 자의 몫이다. 고귀함은 그 반대편에 비천함을 필요로 하지만, 고결함은 그렇지 않다. 나의 고결함이 너의 비루함을 전제하지 않는다. 고결함은 남과 경쟁하여 승리한 자의 몫이 아니라 '자신과의 끝없는 싸움'의 산물이며 선물이다. 나의 고결함이 너의 고결함을 가로막지 않는다. 오히려 서로를 고결함으로 이끈다. 설령 결이 다르다고 해도 서로가 서로의 곱고 섬세한 결을 느끼며 향유할 수 있다.『공자가어(孔子家語)』에 나오듯이 "지초(芝草)와 난초는 깊은 숲속에서 자라나 사람이 찾아오지 않는다고 향기를 풍기지 않는 일이 없고, 군자는 도를 닦고 덕을 세우는 데 있어서 곤궁함을 이유로 절개나 지조를 바꾸는 일이 없다". 또한 "착한 사람과 함께 살면 지초나 난초가 있는 방에 들어간 것처럼 오랫동안 그 향기를 알지 못한다". 우리는 모두 부귀영화를 누릴 수 없고 그럴 필요도 없지만 모두 고결해질 수 있다. 이반 일리치의 말처럼 "스스로 족함을 아는 사람들로 가득 찬 세상은 가난할지라도 구성원 모두가 자유로운 곳"에서라면 말이다.

모든 사람이 고귀함을 추구하지만 성취 가능성은 거의 없다. 돈이 돈을 버는 세상에서 가난하게 태어난 사람은 애당초 그 가능성이 없고, 자신을 지키기 위해 필요한 것보다 훨씬 많은 부를 갖고 있어도 더 큰 부에 대한 탐욕을 멈출 수 없기에 가진 사람도 끝없는 경쟁 속에서 부족함을 느낀다. 슬프게도 거의 모든 사람이 가능성 없는 목적 때문에 가능성이 열려 있는 고결함의 길을 찾지 않는다. 고결함은 그것이 품고 있는 온유함으로도 고귀함을 쟁취하려는 경쟁의 치열함을 견디기 어렵다. 어제의 나와 오늘의 나를 비교하면서 자기 성숙의 긴장을 유지하는 것, 이것이 고결한 존재의 조건일 것이다. 누구나 접근할 수 있는 것이 고결함인데, 남보다 더 많은 것을 갖거나 우월하다고 가정된 집단에 속하기 위한 경쟁 속에서 나를 짓는 자유를 방기하고 있는 게 아닌지 돌아봐야 한다.

나를 고결하게 지을 자유를 억압하는 제도적 가난에 대한 숙고와 행동이 필요한 건 당연한 일이다. 사람들로 하여금 미래에 대한 불안에 시달리게 함으로써 고결하게 자신을 지을 수 없게 억압하는 사회에 맞서 싸워야 하는 것은 제도적 가난이 자발적 가난의 권리를 박탈하기 때문이기도 하다. 탐욕의 유혹에서 벗어나 고결함을 지키려고 자발적 가난을 받아들이고 실천하는 사람은 그 누구보다도 강요된 가난을 낳는 제도나 사회 구조에 분노할 줄 알고 이에 맞서 싸울 것이다. 다음은 『논어(論語)』의 한 대목이다.

자공이 물었다.

"가난하면서도 비굴하지 않고 부유하면서도 교만하지 않다면 어떻겠습니까?"

"괜찮지. 하지만 가난하면서도 즐겁고, 부유하면서도 예를 좋아하는 것만은 못하겠다."

"『시경』에 절차탁마(切磋琢磨)라고 한 대목이 바로 이런 것을 가리킨 것인가요?"

"자공아, 이제 너와 더불어 시 이야기를 할 수 있겠구나! 지나간 것을 말해주니 올 것을 알아차리는구나."

우리는 "가난하면서도 즐겁고 부유하면서도 예를 좋아하는" 시대를 살고 있지 않다. 가난하면 즐거울 수 없고 부유하면 예를 좋아하지 않는 시대를 살고 있다. 오늘 나를 고결하게 짓는 자유의 길은 과거보다 더 절차탁마를 요구하고 있다.

소박한
자유인

맹자는 인간다운 마음가짐으로 '측은지심(惻隱之心)'과 '수오지심(羞惡之心)'을 꼽았다. 이웃의 고통과 불행에 공감할 줄 아는 마음을 측은지심이라고 할 때, 세월호 참사로 생때같은 자식을 잃은 가족들이 진상 조사를 요구하며 단식을 하고 있는 바로 옆에서 폭식 퍼포먼스를 벌인 사람들은 인간에게서 많이 떨어져 있다. 측은지심이 없으면 수오지심도 기대할 수 없다. 수오지심은 스스로 부끄러워할 줄 아는 마음인데, 한국의 기득권 세력한테서는 '노블레스 오블리주'를 찾기 어렵듯이 수치심도 찾기 어려운 편이다. 높은 지위에 오르면 수치심이 없어지는 것인지, 애당초 수치심이 없어야 높은 자리에 오를 수 있는 것인지 판단하기 어려울 지경이다.

맹자가 측은지심, 수오지심과 함께 선한 인간의 실행 명제로 제기한 '사양지심(辭讓之心)'과 '시비지심(是非之心)'으로 확장해도 사정은 달라지지 않는다. 이른바 자기계발의 시대, 자기홍보의 시대에 사양지심은 내세울 게 없는 사람의 징표가 되었고, '옳고 그름을 구분하는 마음'을 뜻하는 시비지심은 "모난 돌이 정 맞는다"는 사회 통념에 의해 내팽개쳐졌다. 사회의 모든 부문에서 악화가 양화를 구축하고 있다. 올바른 쪽이 아닌 강한 쪽에 가담하거나 기대면서 "좋은 게 좋은 것" "우리가 남이가"라고 합리화하는 태도나 정신 자세를 가져야 출셋길에서 밀려나지 않는다. 옳고 그름을 판단하는 시비지심은 진영 논리에 의해 왜곡되어, 옳기 때문에 내 편이 되는 게 아니라 내 편이므로 옳다고 주장하는 세상이 되었다. 여기에 최근에 널리 알려진 확증 편향이 작용하는 것은 두말할 것도 없다. 이렇게 '사단칠정(四端七情)'의 '사단', 즉 맹자에 따르면 인간의 조건이며, 퇴계(이황)나 고봉(기대승) 선생에 따르면 인간에게 선함을 발현케 하는 측은지심, 수오지심, 사양지심, 시비지심이 오늘날 우리 사회에서는 출세하려면 멀리해야 하는 가치가 되었다.

어떻게 이런 지경에 이르렀는지 묻게 되는데, 그것은 무엇보다 '사단칠정'의 '칠정(인간의 일곱 가지 감정: 기쁨-喜, 노여움-

怒, 슬픔-哀, 두려움-懼, 사랑함-愛, 싫음-惡, 욕망함-慾)' 중에서 욕망 때문이다. 우리는 경쟁과 효율을 최고의 가치로 여기는, 욕망을 넘어 탐욕까지 긍정적으로 바라보는 신자유주의 시대를 살고 있다. 동서양을 막론하고 지난 시절에 인간의 조건으로 요구되었던 가치들이 고삐 풀린 욕망 앞에서 속절없이 무너지고 있는 것이다. 정신의 신자유주의화 현상이다. 가진 편에서는 절제되지 않는 탐욕으로 인간다움을 잃고 있다면, 못 가진 편에서는 미래에 대한 불안 때문에 인간다움을 잃어간다. 사회 양극화가 심해지면서 서민들은 인간의 존엄성을 누리지 못하는 처지에 떨어지지 않을까 하는 두려움에서 더욱 벗어나기 어렵게 되었다. 생각하는 동물인 사람은 미래를 전망하면서 자신의 삶을 설계할 수 있어야 하는데, 형체는 분명하지 않지만 서민들의 삶에 유령처럼 배회하는 불안 때문에 사람다움을 유지하기 어렵게 된 것이다.

에이브러햄 매슬로라는 심리학자에 따르면 인간은 다섯 단계의 욕망을 가진다. 식욕과 성욕 등 생리적 욕망(1단계), 안전에 대한 욕망(2단계), 소속감과 애정 욕망(3단계), 권력과 명예 욕망(4단계), 마지막으로 자아실현의 욕망(5단계)으로 단계화되어 있고, 낮은 단계의 욕망이 충족되어야 높은 단계의 욕망을 추구한다고 한다. 나에게 중요한 건 이 주장의 옳고 그름보다는, 높은 단계는 물론이고 낮은 단계의 욕망도 그 자체에

탐욕으로 나아가는 경향을 멈추게 하는 자제력이 없다는 점이
다. 가장 낮은 단계인 식욕에 관해 혹자는 배불리 먹는 데에는
한계가 있다고 말하겠지만, '무엇을 먹는가?'가 그 사람을 말
한다는 시대가 되었다. 단순히 허기를 채우는 단계를 넘어 "나
는 매끼 이런 걸 먹는 사람이다"라는 과시욕이 이 세상 누군가
의 춥고 배고픔을 불러온다면 그 또한 탐욕의 수준이다.

　　인간은 복잡한 존재이고 서로 다른 만큼 다양한 결을 가
진다. 그러나 한국 사회에서 그 결들은 국가 폭력에 의해 격심
하게 짓밟혔고 물신주의 유일사상으로 획일화되었다. 사람은
자신의 몸 자리에 관심이 있다. 몸 자리의 궤적이 각자의 삶이
다. 그 궤적은 각자의 처지에 의해 수동적으로 '놓이는' 몸 자
리와 의지에 의해 능동적으로 '놓는' 몸 자리 사이의 유기적 결
합이다. 한편으로는 처지에 의해 몸이 인간의 존엄성을 누리지
못하는 자리로 추락하는 사람이 있는가 하면, 다른 편으로는
탐욕에의 의지로 자신의 영혼을 인간의 존엄성 너머로 내던진
사람이 있다. 곳간에서 인심 난다고 했다. 분명 보릿고개 시절
보다 곳간이 많이 채워졌음에도 인심이 넉넉해지기는커녕 오
히려 그악스러워졌다면, 한쪽에서는 제어되지 않는 욕망 때문
에, 다른 쪽에서는 사라지지 않는 불안 때문에 그리되었을 것
이다. 그리하여, 이 땅을 지배하는 것은 자유민주주의가 아니
라 욕망과 불안이다. 그래서 끝없는 경쟁이다. 욕망을 관철시
키기 위해서나 불안에서 벗어나기 위해서나 경쟁에서 이겨야

한다. 경쟁은 다시 욕망과 불안을 가중시킨다.

그리하여 이 시대는 욕망에 포획되는 대신 욕망을 우리 사회의 불안을 줄이기 위한 열정으로 바꾼 사람을 부르고 있다. 물질적 욕망을 추구하는 사람에 비해 이웃과 연대하려는 열정에 헌신한 사람은 어느 시대나 소수였다. 이 시대의 부름에 응답하는 소수의 사람을 나는 '소박한 자유인'이라고 부른다. 사회적 동물인 인간으로서 자기가 속한 사회에 자신을 작용시켜 긍정적인 변화를 이끌어내는 것을 자아실현이라고 하는데, 매슬로도 이를 최고 단계의 욕망으로 규정했다.

자아실현은 우리에게 보람찬 삶 속의 잔잔한 기쁨을 선사한다. 사회경제적 약자와 소수자를 차별과 배제의 늪에서 일으켜 세우고, 사회를 좀 더 나은 방향으로 변화시키는 일은 보람차다. 생존에 대한 불안 때문에 잠시 미룰 수는 있어도 자아실현을 결코 포기해서는 안 된다. 아무리 자본주의가 소외노동을 강요한다고 하더라도 인간이라면 결코 자유에의 의지를 포기할 수 없다. 그것이 인간의 본성이다. 우리에게 일상적 삶의 궤도와 관성을 반성적으로 들여다보고 그것을 수정하거나 심지어 거기서 이탈하여 새로운 길을 추구하는 용기를 갖도록 하는 것도 자유에의 의지다. 인문학의 중요성은 다른 무엇보다 이 자유에의 의지를 되찾고 새로운 길로 나아갈 수 있도록 용기를 주는 데 있다. 물질적 욕망을 부추겨온 주류 이데올로기에 순응하여 부귀영화를 좇았던 삶의 덧없음을 불현듯 느끼고 고결한 삶의 길을 찾도록 눈빛을 형형하게 해주는 것 또한 인간의 자유에의 의지에서 비롯된다. 각자 가슴속 저 깊은 곳에 남겨 두었던, 경쟁의 아수라와 미래에 대한 불안에서 마침내 벗어날 수 있게 되었을 때 다시 꺼내리라 마음먹었던 것, 각자 결은 다르지만 소중하게 여겼던 고갱이를 되찾도록 하는 것도 마찬가지다. 그리하여 누구나 갈 수 있었던, 각자 나를 고결하게 짓는 소박한 자유인의 길, 소유가 존재를 규정하는 세상에 압도되어 유보했던 길을 다시 찾아야 한다.

우리는 신이 아닌 인간이기에 죽는 순간까지 완성된 존재가 될 수 없다. 소박한 자유인에게 긴장의 일상은 필수적이다. 불현듯 스스로 아름다워지거나 조금 더 나은 존재가 되고 싶은 순간이 다가올 때 겸연쩍어하거나 외면하는 대신, 그 순간을 껴안고 삶의 변곡점으로 만들어야 한다. 그러기 위해서는 나를 바라보는 나 자신과의 소리 없는 대화가 필요하다. 우리가 외출할 때마다 거울 속 자신을 보며 매무새를 살피듯이, 자신의 내면을 들여다보는 메타 시선이 필요한 것이다. 그런 일상을 통해 조금 더 아름답고 조금 더 나은 존재가 되기 위해 긴장의 끈을 놓지 않아야 한다.

소박한 자유인은 거창하지 않은, 소박한 자아실현으로 만족할 줄 알며 특히 생존 조건을 소박한 수준에서 멈출 줄 아는 사람이다. 물질적 소유에서는 물론, 이웃과 연대하려는 열정에서 비롯된 자아실현에서조차 그것이 지나친 욕망으로 비화하지 않도록 절제할 줄 아는 소박한 자유인, 이것이 고결함의 한 모습일 것이다.

빼앗긴
자유,
버림받은
자유

"노예의 반란은 성공하기 어려운데, 설령 성공한다고 해도 주인만 바뀔 뿐 노예는 노예로 남는다." 이 말이 진실이라면 노예는 싸울 이유가 없다. 어차피 노예의 처지에는 변화가 없을 테니까. 하지만 자유를 지향하는 게 인간의 본성이다. 인류의 역사는 부침을 겪었지만 자유의 확장사이기도 했다. "자유로운 삶, 아니면 죽음을!" 수많은 사람들이 예속과 굴종의 사슬을 끊고 해방 세상, 대동 세상을 실현하고자 투쟁했고 이 과정에서 헤아릴 수 없이 많은 사람들이 희생되었다. 그렇게 인간은 투쟁과 희생을 통과하면서 자유를 확장해왔다.

프랑스의 시인 폴 엘뤼아르는 〈자유〉라는 시에서 이렇게
썼다.

그 한마디 말의 힘으로
나는 내 일생을 다시 시작한다
나는 태어났다 너를 알기 위해
너의 이름을 부르기 위해

자유여.

프랑스 젊은이들의 가슴을 뛰게 하고 그들을 나치의 지배
와 폭정에 맞선 레지스탕스 대원으로 이끌기도 했다는 시의 한
구절이다. 그들에게 가슴 벅차게 다가온 자유, 그것이 우리의
내면에서도 공명을 일으킬 수 있을까?

이 땅에서 자유는 슬프다. 그 참뜻이 실종된 지 오래기 때
문이다. 이 땅에서 진실은 소극적이고, 정의는 언제나 지각한
다. 진실과 정의는 권력, 금력과 달라서 그 자체에 힘이 없다.
이 힘의 불균형을 메워줄 수 있는 것 중 하나가 약동하는 자유
의 힘인데, 우리는 자유를 빼앗겼다. 우리의 비극은 자유를 빼
앗겼는데, 자유의 이름으로 자유를 빼앗긴 탓에 빼앗긴 자유를
되찾으려고도 하지 않는다는 점에 있다. 이 땅의 기득권 세력

이 저지른 윤리적 범죄행위 중에서 가장 앞선 것은 자유의 의미를 돌이킬 수 없을 정도로 더럽혔다는 점이다.

『코끼리는 생각하지 마』의 저자 조지 레이코프는『자유전쟁』에서 "자유를 빼앗기는 것도 위험한 일이지만, 자유 개념을 빼앗기는 것은 더 위험한 일"이라고 썼다. 바로 우리 모습이 그렇다. 자유가 우리를 배반했다면 우리 또한 자유를 버렸다. 최근 사회 각계에서 고발되고 있는 성폭력 사건을 비롯하여 힘센 자들, 가진 자들의 갑질 행태는 지금 드러나고 있긴 하지만 오래전부터 이 땅에서 남의 자유를 침해하지 않는 범위 안에서의 자유가 그 찬란한 의미와 함께 사라졌다는 점과 무관하지 않다.

자유를 지향하고 나를 짓는 자유를 누리고자 한다면, 우리는 먼저 각자 몸이 거하는 모든 곳, 집과 배움터, 일터에서 자유로워야 하고 나의 자유의지에 따른 선택에 스스로 책임질 줄 아는 주체가 되어야 한다. 인간의 자유가 '몸의 자유(나는 법조문을 인용하는 경우가 아니면 '신체의 자유' 대신 '몸의 자유'라고 쓴다)에서 출발한 것은 당연한 일이다. "당신은 몸을 소유한다(하베아스 코르푸스, 인신보호영장)"라는 명제는 대단히 중요하다. 1679년 영국에서 법제화된 인신보호영장이 오늘날 구속당한 사람이 그 강제행위가 정당한지 여부에 대해 법원이 판단해줄 것을 요청하는 구속적부심의 전거가 되었다는 것은 상식에 속한다. 그러나 이 땅은 오랫동안 이 기본 상식이 통하지 않는 동토였다. 수많은 사람들이 국가 폭력에 의해 몸의 자유는커녕 속절없이 죽임을 당했고 이루 말할 수 없는 고문을 당했다. 모든 사람의 생명과 몸의 자유를 보장해야 할 국가가 수많은 사람의 생명과 몸의 자유를 유린했는데, 기막힌 역설은 그렇게 반세기 동안 수많은 사람의 생명과 몸의 자유를 유린했던 명분이 '자유를 지키기 위해서'였다는 점이다. 심지어 인간 생명을 유희 대상으로 삼기도 했는데, 자유를 위한다는 이름으로 행해졌기에 그런 행위를 저질렀던 자들이 양심의 가책을 느끼지도 않았다. 인간은 죽음의 순간에 이르면 무한히 약해지고 순수해진다고 한다. 하지만 과문의 탓인지, 한국전쟁 전후에 저질렀던 수많은 학살 행위의 교사자와 행위자들, 1970~1980년대까지 각종 수사정보기관에서 일상화되었던 고문 행위의 교사자와 행위자들 중에서 죽음의 순간에 이르러 참회의 목소리를 낸 사람이 있다는 얘기를 거의 듣지 못했다. 그 행위들이 자유를 지키기 위해서였다는 그들의 신조에서 비롯되었기 때문이리라.

오랫동안 국가의 물리력을 장악한 지배 세력은 '공산세계'의 대립물로 절대 긍정화한 '자유세계'라는 '상상의 공동체'의 허구 위에서 비판 세력을 친북좌경, 빨갱이로 몰아 제거하면서 기득권을 유지·강화해왔다. 그리하여 이승만의 자유당에 담겼고 박정희, 전두환을 거쳐 오늘의 자유한국당에 남아 있는 자유는 조지 오웰의 『1984』에 나오는 세 슬로건 중 하나인 "자유는 예속"보다 더 심한 반어에 속했다. 예속이 당하는 자의 수동적 표현이라면, 그들의 자유는 억압을 위한 능동적 기제였다.

그렇게 자유의 이름으로 자유를 빼앗긴 우리는 자유를 말하기조차 기피했다. 그래서였을 것이다. 앞에 소개한 엘뤼아르의 시에서 영감을 받았다는 한국의 한 시인이 '타는 목마름으로' 자유를 외치는 대신 민주주의를 호명했던 것은.

자유에 대한 우리의 외면은 산업화 과정을 통해 더욱 공고해졌다. 자유세계의 학살하고 고문하는 자유가 노동을 탄압하는 '기업하기 좋은 나라'의 자유방임주의, 신자유주의의 자유로 이어졌기 때문이다. 그 자유는 가진 자들에게 사유재산의 무한 자유, 이윤 추구의 무한 자유를 주기 위한 것이었으니, 우리는 다시 공공성, 공동선, 공개념과 충돌하는 그 자유에 맞서야 했다. 그리하여 우리는 계속 민주화를 말할 뿐 자유를 말하지 않게 되었다.

우리는 국가 폭력에 맞서 "아니오!" "멈춰!"를 말하지 못했듯이, 지배 세력이 앞장선 경쟁지상주의, 물신숭배에 대해서도 "아니오!" "멈춰!"를 말하는 대신 열심히 뒤따랐다. 돈이 지배하는 사회에서 다수가 자발적으로 이에 복종하며 문제의식 없이 살아갈 때, 소수는 물신주의가 팽배한 사회를 향해 간혹 냉소적 발언을 하는 것으로 물신 지배에서 벗어나지 못한 자신의 일상을 위무하고 있을 뿐이다. 물신 지배는 조금도 흔들리지 않았다. 독재 권력의 물리력에 복종해야 했던 우리는 욕망을 매개로 한 물신 지배에 자발적으로 복종하고 있다.

16세기에 프랑스에서 태어난 인물로 몽테뉴의 후배였던

에티엔 드 라 보에시는 18세에 쓴 『자발적 복종』에서 자유에 관해 이렇게 말했다. "수많은 선 가운데 단 하나의 고결한 선이 있으니 그것은 곧 자유다. 우리가 만약 이것을 잃어버린다면 곳곳에 악이 창궐하며 남아 있는 다른 선에서도 어떠한 맛과 흥미를 느낄 수 없게 된다. 자발적 복종은 모든 것을 망가뜨리며 자유만이 유일하게 선을 정당화한다."

자발적 복종의 뜻은 엄중하다. 노예제도 아래 노예는 자신이 노예인지 안다. 그러나 자발적으로 복종하는 인간은 자신이 노예인지 모르는 노예다. 노예이지만 노예인지 모르니 평안하다. 보에시는 이렇게 썼다. "세상에서 가장 두려운 것은 우리를 은밀히 노예로 만드는 유혹이다. 이에 비하면, 폭력으로 통치하는 방법은 그다지 겁나지 않는다."

오늘날에는 은밀히 노예가 된 경제동물이 양산되고 있다. 전인적 인간이 사라지고 자유 지향도 사라진다. 지배 세력은 자유인들의 생존 조건을 박탈하는 사회경제적 환경을 더욱 노골화하면서 "편하게 살려면 굴종하라"는 명령어를 시대의 화법이 되도록 했다. 경제적 공포는 몰상식과 불의에 굴종하도록 강제하여, 굴종과 자발적 복종은 '어쩔 수 없이' 받아들여야 하는 일에서 점차 '당연히' 받아들이는 일로 바뀌고 있다. 자유인은 점점 희귀종이 되어갔고, 나에게 불이익이 닥칠 수 있는 작은 가능성조차 다른 사람이 겪는 불의에 침묵하는 합리적 이유가 되었다. 사람들은 사회적 약자, 소수자에 대한 인권 침해, 불의에 분노하지 않고 자신의 불이익에 분노한다. 하지만 모든 사람이 그토록 지키고 싶어 하는 이익은 저절로 주어진 적이 없다. 신체적이든 물적이든 자신에게 닥칠 불이익을 마다하지 않고 행동하는 이들이 대가를 치르고 찾아준 것이다. 다시 말해, 사회적 획득물의 대부분은 불이익을 감수하면서 "아니오!" 라고 했던 사람들 덕에 얻은 것이다. 그러나 오늘 이 '아니오!' 의 자유는 물신숭배 앞에서 힘을 잃었다.

우리는 인정해야 하지 않을까, 우리가 자유의 가치를 외면하거나 등한시해왔고 자유인의 의미를 치열하게 붙잡지 않았다는 점을. 우리는 어쩌면 자유 개념을 빼앗긴 탓도 있겠지만, 자유의 가치와 자유인을 전면에 앞세우기가 버거워 민주화라는 방패 뒤에 숨었던 건 아닐까. 민주공화국은 자유로운 시민들을 주체로 하지 않을 때 빈 허울에 지나지 않는다. 우리는 민주화를 통해 자유로운 시민을 형성한다는, 에둘러 가는 길을 택한 것인지 모른다. 시민사회운동에서도 자유는 민주, 정의나 평등, 평화에 비해 뒷전으로 밀려났고, 시민사회운동에 참여하는 구성원 개인의 자유로운 주체화도 조직 보위에 비해 후순위로 밀려났다. 그 어디에서도 "싸우는 과정 자체가 그 싸움을 통해 획득하고자 하는 사회의 모습을 닮아야 한다"는 나오미 울프의 말은 적용되지 않았다. 노동조합에서도 대부분의 조합원은 주체이기보다 동원 대상이었고, 조직의 우산 아래 경제적

이익을 보장받는 수혜자에 머물렀다.

불의와 몰상식 앞에서 침묵과 무관심을 거부하고 노예 되기를 거부하는 자유의 지향, 그것은 인간성의 발현이다. 지금여기 몰상식, 부도덕과 불의에 맞서는 자유인의 무기는 저항과연대다. 우리는 자유의 참뜻을 되새기고 되찾아야 한다. 이것은 나라다운 나라를 건설하기 위해서도 필수적이다. 근대 공화국의 보편적 개념 규정이 "자유로운 시민들이(주체), 공동선을목표로 하는 공동체로서(목표), 법의 권위가 지배하는(수단) 국가"라고 할 때, '자유로운 시민들'이 대한민국의 주체로 서 있느냐는 질문이 가장 먼저 제기된다는 점에서도 그렇다. 남의자유를 존중할 때 내 자유가 존중되고 나의 자유가 존중될 때남의 자유도 존중하게 된다는 명제가 우리 몸이 거하는 모든곳—집, 배움터, 일터—에서 살아 꿈틀대도록 해야 한다.

무엇보다 배움터인 각급 학교에서 시민교육과 노동인권교육을 강화해야 하는 것은 미룰 수 없는 과제다. 배움터에서는 학생들을 무한 경쟁에 시달리게 하는 것을, 일터에서는 갑질을 당하고 자신보다 약한 병이나 정에게 을질을 하는 것을,집에서는 일터의 울분을 가족에게 푸는 것을 멈춰야 한다. 많은 구성원들이 파편화되어 차별에 찬성하면서 가슴속에 화를품고 살아가는 사회, 가진 자, 힘센 자의 폭력에 맞서기보다 자발적으로 복종하는 사회에 우리가 오랫동안 빼앗겼고 버렸던자유의 깃발로 맞서야 한다.

각 개인들의 자유로운 주체화와 사회 민주화는 줄탁동기 (啐啄同機)의 줄탁의 관계라 할 수 있다. 병아리가 알 밖으로 나오기 위해 부리로 껍데기 안쪽을 쪼는 것이 '줄'이고, 어미 닭이 바깥에서 알을 쪼아 새끼의 부화를 도와주는 것이 '탁'이라고 할 때, 개인의 자유를 세우는 것은 줄, 사회 민주화는 탁이라고 할 수 있다. 이때 병아리가 껍데기 안쪽을 쪼는 줄이 어미 닭의 탁에 우선한다는 점을 덧붙인다.

몸의
자유

고(故) 리영희 선생은 '인권연대' 창립 10주년 기념식 강연에서 한국의 인권이 프랑스에 비해 150년 뒤떨어졌다는 예로 『레 미제라블』에서 자베르 형사가 장발장을 체포하지 못한 부분을 말씀하신 적이 있다. 선생은 『레 미제라블』 완결본을 원문으로 읽었는데, 완결본에서는 축약본과 달리 장발장이 다시 잡혀 죄수번호 9430번(처음 죄수번호는 24601번)이 되어 유형장으로 끌려간다. 그는 또 탈출을 시도했다가 익사한 것으로 공식 발표된다. 얼마 후 파리에서 자베르 형사는 노신사 차림의 장발장을 발견하고 바짝 뒤쫓는다. 자베르는 장발장을 파리의 한 길목에서 다른 길목까지 단 한순간도 놓치지 않고 뒤따랐다. 장발장이 스스로 안전하다고 믿었던 순간에도 자베르의 눈은 그를 지켜보고 있었다. 하지만 자베르는 장발장을 끝내 체포하지 못하고, 장발장은 코제트와 함께 도망치는 데 성공한다. 자베르 형사가 그를 체포하지 못한 건, 만에 하나로 지극히 작은 가능성이지만 체포한 사람이 '장발장이 아닐 경우' 자신에게 닥칠 불이익이 워낙 컸기 때문이다. 당시 경찰은 시민들의 몸의 자유를 함부로 침범할 수 없었다. 특히 자유언론이 그것을 가로막았다. 만약 언론에 의해 불법체포한 사실이 폭로되기라도 하면 의회에까지 논란이 일어났고 그래서 경찰국이 소심해질 수밖에 없었다. 그만큼 당시 자유로운 시민들의 몸의 자유를 침해하는 일은 엄중했다. 형사들은 사람을 오인하지 않을까 걱정했고, 경찰청장은 그들에게 책임을 물었다. 한 번 잘못해도 파면되었다. 이런 상황에서 다음과 같은 단신 기사가 파리의 20개 신문에 실렸을 때 무슨 일이 일어날지 상상해보라. "어제 백발의 할아버지이며 존경할 만한 신사가 여덟 살 먹은 손녀와 함께 산책에 나섰다가 탈옥한 도형수로 오인받아 체포, 구금되었다!" 자베르는 곧바로 파면되어야 한다. 1820년대 프랑스의 상황 묘사다. 리영희 선생은 이 부분을 지적하면서 한국과 프랑스의 인권이 150년 격차가 있다고 말씀하신 것인데, 자유주의 체제 아래 있는 두 국가 구성원의 몸의 자유에 대한 인식과 그것이 침해당한 실상의 차이, 그리고 인권 침해에 관한 두 나라 언론의 대응을 견주어볼 때 이를 지나친 과장이라고 말하기 어렵다.

국가가 폭력으로부터 국민을 보호하는 대신 폭력의 주체가 되고, 구성원들 사이에 "당신은 몸을 소유한다"의 명제가 중요한 가치로 자리 잡지 못한 사회에서 힘은 폭력이 될 가능성이 높다. 정의에는 힘이 폭력이 되는 것을 제어할 힘이 없다. 그래서 '최소한의 상식'이라는 법에 호소하지만, 이 땅에서 법은 오랫동안 표트르 크로폿킨의 말처럼 '힘센 자의 권리'에 가까웠다.

그리하여 가진 게 없고 힘없는 약자들, 그리고 소수자들은 사회로부터 버림받은 느낌 정도를 넘어 폭력에 일상적으로 노출되어 있다. 최근 미투 운동을 촉발한 성폭력이 약자인 여성의 몸에 함부로 범접하는 남성 권력의 폭력이라면, 한진 재벌가의 갑질은 노동자를 구시대의 신분제 아래 하인처럼 대하는 자본 권력의 폭력이다. 오늘날 성폭력과 갑질에 대한 고발이 많이 이루어지고 있지만 최근에 들어 갑자기 성폭력과 갑질이 발생한 게 아니라는 점은 두말할 필요가 없다. 이와 같은 상습적 폭력이 구조적이라면, 곳곳에서 벌어지는 폭력 행위는 한국 땅 전체가 돌발적 폭력의 지뢰밭임을 보여준다. 사회 구성원들의 내면에 잠재한 울분과 스트레스가 상황에 따라 폭력으로 치닫는 것이다.

급기야 언어와 주먹은 물론 자동차도 폭력의 무기가 되었다. 보복 운전을 단속해야 할 지경에 이를 만큼. 우리는 몸이 자리하는 모든 곳에서, 직장과 학교에서, 전철 안이나 택시 승강장에서, 또 길거리나 자동차 운전석에서조차 폭력에 대비해야 할 만큼 폭력 피해의 잠재성 속에서 일상을 보내야 한다. 그나마 고객 신분일 때는 이런 위험에서 벗어날 수 있지만, 판매원의 친절이나 환대는 자발성에서 비롯된 게 아니다. 밥벌이가 강요한 것이므로 그 친절과 환대는 다른 자리에서 폭력의 양상으로 전화될 수 있다. 진상 고객들의 언어폭력에 시달리면서 억압되었던 감정이 터져 나올 수 있기 때문이다. "억압된 것은 되돌아온다"고 했다. 폭력은 즉각적이든 지연되든 연쇄반응처럼 폭력을 낳는다. 위-아래 권력관계에서 비롯된 구조적 폭력을 당한 을은 갑에게 되돌려줄 수 없는 데다 공적으로 해결할 길도 막혀 있어서 갖게 되는 울분을 병이나 정에게 을질로 풀어내는데, 만약 그럴 위치에도 있지 못해 되돌려주지 못하면 내면에 울화로 잠복하게 되고 급기야 돌발적 폭력으로 표출될 수 있다. 구조적 폭력이 또 다른 구조적 폭력을 낳거나 돌발적 폭력의 온상을 만들어내는 것이다.

이처럼 폭력이 만연한 사회에서 폭력을 당하지 않을 유일한 길은 힘을 갖는 것이다. "억울하면 출세하라!" "부자 되세요!"다. 곧 권력과 금력이다. 그렇지 못하면 억울하게 살아야 마땅하다. 폭력 행사는 승리자의 권리가 되었고 패배자는 당해 마땅하다. 경쟁지상주의, 물질주의는 '힘 예찬' '마몬 숭배'의 다른 이름이었다. 국가 폭력에 희생되고 주눅 들어왔던 개인들은 점차 물적 조건으로 규정되는 존엄과 비존엄 사이의 경계 앞에서 경제적 공포의 포로가 되었고, 이들에 대한 자본 권력의 폭력이 더욱 거칠 것이 없게 된 건 당연한 귀결이다.

친절과 배려, 환대와 겸손은 손해 보는 일이 되었고, 스스로 나약한 자, 패배자, 낮은 자임을 인정하는 표시가 되었다. 양보도 마찬가지다. 사람이 만나고 마주하는 곳곳이 기 싸움의 현장이다. "직장에서 당할 만큼 당하고 있는데 왜 또 내가 당해야 돼?" 이런 심리와 심리가 맞부딪친다. 길거리나 택시 승강장 등에서 일어나는 돌발적 폭력이나 보복 운전은 대부분 양보를 패배나 손해로 인식하는 데서 비롯된다. 착한 것보다는 위악이 낫다. 놀부라는 이름이 들어간 식당이 성업할 때, 흥부라는 말은 자기계발의 경쟁에서 패배한 자의 자기 위안의 언어로도 사용되지 않는다. 인사를 먼저 하는 것도 낮은 자의 표시다. "왜 내가 먼저 인사를 해?" 엘리베이터나 층계참에서 이웃을 만나도 인사를 나누지 않는다. 힘이 있으면 뽐내라. 약해도 강한 척하고, 없어도 있는 척해라. 프랑스 파리에서 관광객을 상대하는 한 점원이 한국인, 일본인, 중국인을 구별할 수 있다면서 던진 말이 있다. "표정이 밝은 일본인, 무표정한 중국인, 화난 한국인"이다. 한국인인 나에게 들어보라고 꺼낸 말이겠지만 일말의 진실이 담겨 있다는 것을 부정할 수 없다.

인간은 감성을 지닌 동물이다. 사소한 불친절과 냉대를 당해도 사회로부터 버림받은 느낌을 갖는다. 국가는 국민의 행복을 위해 사회를 보듬어 폭력의 위험으로부터 보호해야 한다. 사회 구성원 간의 갈등을 조정하고 인간의 존엄성에 대한 구조적 폭력인 절대적 가난이 지속되지 않도록 해야 한다. 학교에서는 학생들이 "내가 존중받으려면 남을 존중해야 한다" 등 인권 가치를 배우고 익히도록 해야 하고, 폭력에 노출되지 않도록 주의를 기울여야 한다. 그러나 오랫동안 이 땅을 지배했던 권위주의 독재 세력에게 그런 과제는 관심 밖이었다. 그들의 관심은 국가가 국민의 몸을 지배하는 주체가 되도록 하는 데 있었다. 미셸 푸코가 지적한 것처럼, 국민의 몸을 통제함으로써 의식까지 통제하려 한 것인데, 군대와 학교는 이를 전일적으로 관철시킨 적소였다. 오늘날 고문당하지 않게 된 건 참으로 다행스러운 일이지만, 우리는 인신보호영장의 정신을 배반한 채 실로 오랜 시간을 보냈다.

"당신은
몸을
소유한다"

하베아스 코르푸스(habeas corpus). 라틴어로 "당신은 몸을 소유한다"라는 뜻을 가진 이 말은 인권의 역사상 획기적인 인신보호령(1679년, 영국)으로 자리 잡혔다. 인간의 기본권과 관련하여 이보다 더 중요한 것은 없다. 국가권력이 법에 의하지 않고는 당신의 몸을 함부로 체포, 구속할 수 없다는 이 원칙은 아무도 당신의 몸에 함부로 범접할 수 없다는 사회적 원칙으로 확장되었다. 이 원칙만 지켜져도 대부분의 인권 침해와 폭력이 설 자리가 없다. 국가 폭력은 물론, 안태근 검사가 서지현 검사를 함부로 범접한 행위와 한진 재벌가 폭력 행위의 공통점은 이 원칙을 위반했다는 데 있다. 학생들을 사랑한다면서 사랑의 매를 주장하는 사람들에게 비어 있는 것 또한 이 원칙이다.

우리는 이 원칙에 대한 인식이 부족하여 때로는 선의의 잘못을 저지르기도 한다. 공원 같은 곳에서 만난 어린아이가 귀엽다고 볼을 만지거나 머리를 쓰다듬는 행위가 그런 경우에 속한다. 아이 부모의 허락 없이 아이의 몸을 접촉해서는 안 된다. 그 아이의 몸은 당신의 몸이 아니기 때문이다. 5세 때 프랑스 땅을 처음 밟은 딸아이가 동네 공원에서 또래들과 반나절 동안 놀고 돌아왔는데 "왜 여기 애들은 날 안 때려?"라고 말해 나와 아내를 놀라게 한 적이 있었다. 한국을 떠나기 전 딸아이는 동네 골목에서 또래 아이들한테서 걸핏하면 손찌검을 당했다. 파리 공원에서는 말도 통하지 않는 딸의 몸을 아무도 건드리지 않았다.

인간은 자기 형성의 자유를 위해 오랜 투쟁과 희생의 시간을 거쳐왔다. 먼저 몸의 자유를, 그리고 종교·사상·양심·표현의 자유, 언론·출판·집회·결사의 자유를 쟁취했다. 인간은 자기를 형성할 자유를 위해 전진해왔는데, 그 출발점이 몸의 자유에 있었다. 내가 자유롭고자 한다면, 내 몸부터 자유로워야 한다. 인권이라 부르든 존엄성이라고 부르든, 그것은 내 몸이 존중받는 데서 출발한다. 헌법상 자유권 중 몸의 자유가 가장 앞서는 건 당연하다. 대한민국 헌법 제12조를 보자. 제1항,

"모든 국민은 신체의 자유를 가진다. 누구든지 법률에 의하지 아니하고는 체포·구속·압수·수색 또는 심문을 받지 아니하며…", 제2항 "모든 국민은 고문을 받지 아니하며…"라고 되어 있다. 그러나 국민의 몸의 자유를 보장해야 하는 국가가 오랫동안 학살과 고문의 주체였다. 그리고 그 행위 주체들이 단죄되지도 않았다. 국가는 오히려 권력이든 완력이든 힘센 자들, 가진 자들이 남의 몸의 자유를 침범하는 것을 대수롭지 않게 인식하도록 이끌었다. 사회 곳곳에서 가정폭력, 성폭력을 비롯하여 온갖 폭력이 난무하고 있다.

폭력은 "남이 당신에게 행하지 않기를 바란다면, 당신 또한 남에게 행하지 말라" "남이 당신에게 해주기를 바라는 그대로 당신도 남에게 해주어라"라는 황금률을 어긴 행위다. 이 황금률을 지켜야 한다. 그 출발점은 몸의 자유를 존중하는 데 있다. 남이 당신의 몸에 함부로 범접하지 않기를 바란다면 당신 또한 남의 몸에 함부로 범접하지 말라. 모든 사람의 몸을 존중하라. 모든 몸에는 생명과 정신이 깃들어 있다. 모든 여자와 모든 남자, 모든 어린이와 모든 학생, 모든 노인의 몸을 존중하라. 완력이 약하다고 여성, 어린이, 노인의 몸에 폭력을 가하는 것은 어떤 사연이 있든 그 자체로 야만이다. 모든 장애인의 몸을 존중하라. 설령 장애인을 도울 목적이라고 하더라도 장애인의 몸을 접촉할 때는 미리 허락을 받고 행하라. 모든 체육 선수들의 몸을 존중하라. 훈련을 빙자하여 선수들의 몸을 함부로 건

드리지 말라. 모든 성소수자와 이성애자의 몸을, 모든 노동자의 몸을, 비정규직과 아르바이트 노동자의 몸을 존중하라. 모든 이주노동자의 몸, 모든 이주여성의 몸, 모든 난민의 몸을 존중하라. 모든 재소자의 몸을 존중하라. 그리하여 모든 내 가족의 몸을, 모든 이웃의 몸을 존중하라. 지하철이나 버스에서 남의 몸을 툭 건드렸으면 미안하다고 말하라. 이것이 자유와 인권의 출발점이며 조건인 하베아스 코르푸스 정신이다.

제 2 부

회의하는 자아

얻는 게 아무것도 없으면 머릿속이 차라리 비어 있어야 하는데 전혀 그렇지 않다. "나는 생각한다(=나는 회의한다)"가 없는 채 지배 세력이 선별한 생각(=고집)을 정답으로 주입받았기 때문에, 존재를 배반하는 의식을 갖고 있음에도 회의할 줄 모르고 그것을 막무가내로 고집하는, 완성된 존재처럼 살아가는 것. 이것이 한국의 대다수 피지배 대중이 보여주고 있는 서글픈 자화상이다.

완성 단계에 이른
사람들

한국 사회는 완성 단계에 이른 사람들로 북적인다. 거의 모두 회의하는 자아로 살고 있지 않다. 우리 사회에서 나를 짓는 자유를 누리는 자유인이 희귀종이 되어가고 있는 가장 중요한 이유는 나를 지킬 수 있는 물적 조건의 결핍에 대한 불안보다 '회의하는 자아'로 살고 있는 사람이 지극히 드물다는 점에서 찾아야 한다. 나를 짓는 자유는 회의하는 자아만이 누릴 수 있다. 나의 사유세계를 반성적으로 들여다보고 좀 더 정확한 진리에 다가서고 올바른 판단을 할 수 있도록, 편견과 오류를 멀리하도록 나의 사유세계에 자유의 날개를 달아주어야 한다. 곧 나의 사유세계의 문을 활짝 열어야 한다. 사유세계의 문은 나의 의지로 열지 않는 한 항상 닫혀 있을 것이다. 사유세계의 성질이 그러하다.

"사람은 현존재를 고집하는 경향이 있다." 스피노자의 말이다. 우리는 사람이 좀처럼 변하지 않는다는 걸 잘 알고 있다. 내 가족과 친척, 내 친구, 내 동료, 내 이웃이 변하지 않는다고 인식하는 나도 그들의 눈에는 변하지 않는 존재로 비칠 것이다. 그러면 모든 사람이 변하지 않을까? 이 질문에 답하기 위해서는 조금 섬세한 분석이 필요하다. 즉, 회의하는 자아는 회의하는 자아인 채로 변하지 않고, 회의하지 않는 자아는 회의하지 않는 자아인 채로 변하지 않는다. 세상이 좀처럼 변하지 않는 것은 후자가 절대다수를 차지하기 때문이다. 세상에 회의하는 자아가 드물기는 하지만 아주 없지는 않다. 회의하는 자아가 자기 의지로 자신의 사유세계를 열어 자기 변화의 가능성을 열어둠으로써 나를 짓는 자유를 누린다면, 대부분은 자신의 사유세계를 닫은 채 머물러 있음으로써 나를 짓는 자유를 누리지 않는다. 사유세계의 문을 닫은 채로 살고 있는 사람들은 사유세계의 문이 닫혀 있다는 바로 그 점 때문에 자신이 이미 완성 단계에 이른 양 살아가고 있다는 점을 인식하지 못한다. 반면에 회의하는 자아는 자신이 완성 단계에 이르기는커녕 언제나 부족하다는 점, 수많은 오류에 빠져 있다는 점을 잘 알고 있기 때문에 끝까지 회의하는 자아로 남게 되며 사유세계의 문을 활짝 열어둔 채 살려고 노력한다.

사람에게 배고픔의 현상은 있어도 '생각고픔'의 현상은 없다. 사람은 몸과 정신으로 구성된 존재로서 몸은 생존을 위해 영양분을 섭취하고, 정신작용에 의해 머릿속에 사유세계를 형성한다. 몸속에 들어간 영양분은 분해되어 건강을 유지하게 하고 찌꺼기는 배설된다. 신진대사를 통해 배고픔을 느끼는 몸은 새 영양분을 섭취하도록 요구한다. 이것이 배고픔 현상이다. 반면에 우리가 한번 품은 생각은 머릿속에 그대로 남아 있어 생각고픔의 현상이 없다. 기존에 갖고 있던 생각과 충돌하는 생각이 바깥에서 다가올라치면 가차 없이 배척한다. 생각의 성질이 머물기, 즉 고집이라는 점을 알 수 있다.

지식과 정보의 습득이 제한적이었던 과거와 달리, 오늘날에는 장기화된 교육 기간과 넘쳐나는 미디어의 홍수 속에서 사람들의 머릿속이 충만하다. 옛날과 달리 오늘날에는 "나는 아무것도 몰라. 나한테 물어보지 마!"라고 말하는 사람을 만나기 어렵다. 머릿속이 복잡할 만큼 사유세계가 많은 생각과 이미지들로 충만하기 때문이다. 오늘날 사람들의 머릿속은 비어 있지 않다. 즉, 무식하지 않다. 자기 머릿속이 비어 있다는 것, 즉 스스로 무식하다는 것을 알던 옛사람도 머릿속에 있는 생각을 고집했는데, 그 내용은 많지 않았고 대부분은 부모 세대로부터 전수된 경험과 자신의 경험에서 얻은 삶의 지혜였다. 오늘 사람들의 고집은 그 바탕에 머릿속을 가득 채운 지식과 정보가 있다. 문제의 심각성은 그것들이 나를 주체적인 삶으로 안내하는지 아니면 복종의 삶으로 이끄는지, 나를 올바른 길로 안내하는지 아니면 잘못된 길로 이끄는지 등에 대해 묻거나 분석하지 않은 채 다만 그것들을 고집하면서 살고 있다는 점에 있다.

내가 습득한 지식과 정보로 채워진 내 생각은 거의 정리되지 않은 채로 있지만, 거기에는 나의 가치관, 세계관, 인생관의 지향이 담겨 있다. 그래서 내 생각은 내 삶의 지향을 규정하는 나침반과 같다. 그런데 실제의 나침반은 자리를 옮기면 방향을 지시하기에 앞서 바늘을 바르르 떨지만, 회의하는 자아로 살지 않는 사람의 삶의 방향을 지시하는 생각은 조금도 떨지 않는다. 떨림도 흔들림도 없는 삶, 모두 완성된 사람처럼 살아간다. 얼마 전 올라탔던 택시의 기사도 내가 동의할 수 없는 주장을 거리낌 없이 피력했다. 그의 주장은 단호하여 '잘못 알고 있을 여지'는 티끌만치도 없었다. 설령 택시 기사와 대화를 나눌 시간이 충분하여 그에게 반론을 제기한다고 한들 그의 기존 생각에 작은 변화라도 줄 수 있을까? 전혀 그럴 수 없을 것이다. 나는 반론을 제기하지 않았는데 그렇다고 침묵하지도 못했다. 침묵하면 택시 기사한테서 "내 말이 말 같지 않냐?"라는 반응이 나올 것 같았다. 나는 맞장구도 반박도 아닌 어정쩡한 태도를 취했다. 택시라는 좁은 공간에서 만난 두 사람인데, 한 사람의 발화에 상대방이 맞장구도 반박도 침묵도 할 수 없는 상황에 처한 것이다. 나는 불편했고 비겁했다. 완성 단계에 이른 사람 앞에서는 그럴 수밖에 없다. 우리 사회는 그렇게 완성 단계에 이른 구성원들로 충만하다. 거리나 시장에, 버스나 전철 안에, 카페나 식당에, 국회나 학교에 완성된 사람들이 북적인다. 대화와 소통의 중요성을 강조하지만, 실제로 잘 이루어질 가능성은 거의 없다.

설득하기의 어려움

남을 설득하려고 해본 사람은 안다. 설득되지 않는다는 점을.
완성 단계에 이른 사람들이기 때문이다. 설득하기는 어렵고 선
동하기가 쉬운 사회다. 설득이 남의 기존 생각을 수정하거나
변화시키는 것이라면, 선동은 남이 기존에 갖고 있던 생각을
강화, 증폭시키는 일이다. 완성 단계에 이른 사람들이므로 그
의 생각을 수정하거나 변화시키는 설득보다 그가 기존에 갖고
있던 생각을 더욱 극단으로 몰아가는 선동이 더 쉬운 것이다.
또 설득은 대개 인간과 사회에 대한 사람들의 인식을 단순 명
료함에서 복잡 미묘함 쪽으로 이끄는 일인데, 이미 완성 단계

에 이른 사람들에게 이것이 통할 리가 없다.

이렇게 설득하기보다 선동하기가 더 쉬운 한국 사회에서 집단사고는 극단으로 치달을 위험이 훨씬 더 크다. 사회심리학자인 어빙 재니스 교수에 따르면 집단사고는 "응집력이 강한 집단이 어떤 결정을 내릴 때 만장일치를 이루려고 하는 사고의 경향"을 말한다. 집단사고는 낙관론으로 집단의 눈을 멀게 하는 현상으로서 외부를 향해서는 비합리적인 행동을 취하게 이끈다고 한다. 우리 사회는 재니스 교수가 말한 집단사고의 위험성이 훨씬 크게 나타날 수 있다. 과격하고 극단적인 언어와 욕설들이 정치권에서만 난무하는 게 아니라 사회 전체에서 분출된다. 사회의 모든 부문에서 발생하는 갈등이 합리성에 기초하여 타협, 양보, 조정되는 대신 '힘의 논리'로 대립하는 양상을 보이고 법에 호소하는 일이 빈번하게 일어난다. 법이 내 편을 들어주면 당연한 일이지만 그렇지 않을 때엔 법이 잘못된 것이지 내 생각이나 주장이 잘못된 게 아니다. 나는 완성 단계에 이른 사람이므로. 그리하여 너도나도 막말을 포함하여 말은 많이 하지만 남의 말을 경청하지 않는 사회, 주장과 주장이 부딪칠 뿐 설득이 되지 않는다는 경험으로 인해 모든 사람이 설득하기를 포기한 채 살아가는 사회가 한국 사회다.

한국의 부부 사이를 예로 들어보자. 한국의 부부들이 서로 설득하면서 살고 있을까? 부부 사이란 애정으로 맺어진 사이로 아이를 낳기도 하며 가정을 이루어 사는 사이다. 대화를 나눌 시간도 충분하고 사회경제적 처지도 동일한 사이지만, 집안을 어떻게 꾸려갈 것인지 등에 대해 모든 면에서 같은 생각을 가질 수 없다. 각자가 자기 생각에 관해 "내가 잘못 알고 있을 수 있어"라고 회의할 줄 알고 열린 자세로 대화하여 서로 달랐던 생각이 조금이라도 가까워질 수 있는 가능성이 가장 큰 사이가 부부 사이다. 하지만 한국의 부부들이 실제로 보여주는 모습은 어떨까? 열린 대화를 통해 서로 달랐던 생각을 가깝게 하거나 하나로 모아갈까? 대부분은 생각이 다른 점이 드러나면 아예 말을 꺼내지 않는 편을 택한다. 상대방을 설득하려고 시도해본들 상대방이 기존 생각을 막무가내로 고집해서 말다툼이나 신경전으로 번질 뿐이기 때문이다. 만약 부부가 '회의하는 자아'로 만났다면 애당초 달랐던 생각이나 삶의 가치관이 열린 대화를 통해 가까워지거나 같아지는 기쁨을 향유할 수 있고 둘 사이의 애정은 더욱 깊어질 것이다. 19세기 영국의 자유주의 정치사상가로 『자유론』을 썼던 존 스튜어트 밀과 그의 아내가 보여주었던 부부의 모습을 오늘 한국 사회에서 찾아볼 수 있을까? 『자유론』의 다음 글을 한번 읽어보자.

진리와 정의에 대한 높은 식견과 고매한 감정으로 나를 한없이 감화시켰던 사람, 칭찬 한마디로 나를 무척이나 기쁘게 해주었던 사람, 내가 쓴 글 중에서 가장 뛰어나다고 할 수 있는 것은 모두 그녀의 영감에서 나온 것이기에 그런 글을 나와 같이 쓴 것이나 마찬가

지인 사람, 함께했던 사랑스럽고 아름다운 추억, 그리고 그 비통했던 순간을 그리며 나의 친구이자 아내였던 바로 그 사람에게 이 책을 바친다.

존 스튜어트 밀은 그의 『자유론』을 아내 해리엇 테일러에게 헌정했다. 밀은 아내가 세상을 떠난 뒤 출간한 『자유론』은 미완인 거나 다름없다고 밝히기도 했다.

이 책 역시 그녀와 내가 같이 쓴 것이나 다름없다. 그러나 불행하게도 이 책은 그녀가 수정하지 못했다. 특히 가장 중요한 몇몇 부분은 그녀의 세심한 재검토를 받기 위해 일부러 남겨놓았는데, 그만 뜻하지 않은 그녀의 죽음 때문에 이 모든 기대를 접을 수밖에 없었다. 그 무엇과도 비교할 수 없을 만큼 소중한 기회를 놓쳐버리고 만 것이다. 그녀는 참으로 깊고 그윽한 지혜의 소유자였다. 이제 그와 같은 도움을 받지 못한 채 쓰는 글이란 얼마나 보잘것없을까?

이 글을 통해 우리는 존 스튜어트 밀과 해리엇 테일러 부부 사이가 남녀 간 사랑은 물론, 높은 수준의 동지적 관계에 이르렀음을 알 수 있다. 그런 관계는 어떻게 가능했을까? 그 단초를 우리는 바로 『자유론』 안에서 찾을 수 있다.

회 의 하 는
자 아 의
일 상

어떤 문제에 대해 가능한 한 정확한 진리를 얻기 위해서는 상이한
의견을 가진 모든 사람들의 생각을 들어보고, 나아가 다양한 처지에
있는 사람들의 시각에서 그 문제를 이모저모 따져보는 것이 필수적
이다. 현명한 사람치고 이것 외에 다른 방법으로 지혜를 얻은 사람
은 없다. 인간 지성의 본질에 비추어볼 때 다른 어떤 방법으로도 지
혜를 얻을 수는 없다. 다른 사람의 생각과 자신의 생각을 비교하고
대조하면서 틀린 것은 고치고 부족한 것은 보충하는 일을 의심쩍어
하거나 주저하지 말고 오히려 이를 습관화하는 것이 우리의 판단에
대한 믿음을 튼튼하게 해주는 유일한 방법이다.

이 글을 통해 알 수 있듯이, 밀과 그의 아내는 다른 사람의 생각과 자신의 생각을 비교하고 대조하면서 틀린 것은 고치고 부족한 것은 보충하는 일을 의심쩍어하거나 주저하지 않고 오히려 이를 습관화했다. 틀린 것은 고치고 부족한 것은 보충하는 일을 습관화하기! 이것은 바로 회의하는 자아의 일상이다! 우리가 인간의 자유를 논한 고전 『자유론』에서 회의하는 자아를 만난 것은 결코 우연이 아니다. 회의하는 자아는 자유와 자유인의 조건인 것이다. 인간의 지혜는 동서고금을 관통하여 서로 만난다. 공자의 가르침을 기록한 『논어』의 첫 문장인 "학이시습지 불역열호(學而時習之 不亦說乎: 배우고 때로 익히니 또한 기쁘지 아니한가?)"에서도 우리는 '회의하는 자아'의 모습을 발견할 수 있다. 우리는 "배우고 때로 익히니" 다음에 "또한 기쁘지 아니한가?"가 연결된 점을 주목해야 한다. 공자는 왜 "또한 기쁘지 아니한가?"라고 했을까? 배우고 익힘으로써 변화하고 성숙한 자신을 보는 일보다 희열을 느끼게 해주는 게 또 있을까. 회의하는 자아는 그런 희열을 거듭 느끼기 위해서도 계속 회의하는 자아로 남을 것이며, 변화와 성숙의 여지가 앞으로도 무한하다는 것을 알기 때문에도 계속 회의하는 자아로 남을 것이다. 그러니까 틀린 것은 고치고 부족한 것은 보충하기를 습관화했던 밀 부부는 "배우고 때로 익히니 또한 즐겁지 아니한가?"의 과정을 더불어 누린 도반(道伴)이었다. 자기 변화와 성숙은 혼자서도 기쁜 일인데 서로 이끌어주었던 부부 사이였다는 점을 돌아보면서, 밀이 먼저 세상을 떠난 부인에게 바친 『자유론』의 헌사를 다시금 읽어보자. "함께했던 사랑스럽고 아름다운 추억, 그리고 그 비통했던 순간을 그리며 나의 친구이자 아내였던 바로 그 사람에게 이 책을 바친다." 이런 부부의 모습을 한국에서 찾을 수 있을까? 생각이 다르고 삶의 가치관이 다른 채로 일생 동안 한집에서 살아가는 부부의 모습, 이것이 한국의 거의 모든 부부가 보여주는 서글픈 자화상이다. 서로의 얼굴을 미소로 바라보면서 대화를 나누는 일은 지극히 드문 일이고, 텔레비전 앞에 나란히 앉지만 화면 속 주인공을 따로 욕망하면서 대리만족에 머물러 있는 부부가 절대다수 아닐까?

부부 사이조차 설득하기 어렵다면 어떤 관계에서 설득이 가능할까? 불가능하다. 부모 자식 사이든, 형제 사이든, 이웃 사이든, 동료 사이든 마찬가지다. 가령 명절 때 오랜만에 만난 친척들과 정치적 대화는 절대로 하지 말아야 한다. 모두 회의하는 자아가 아니므로 주장과 주장이 부딪치다가 감정적으로 충돌하는 데까지 이를 수 있기 때문이다. 그리하여, 우리는 모두 남을 설득하기를 포기한 채 살아간다. 설득이 되지 않는다는 것을 잘 알기 때문이다. 그렇게 내가 남을 설득하기를 포기한 채 살아간다는 것은 뒤집어 말하면 나 또한 아무한테도 설득되지 않는다는 것을 뜻한다. 설득될 게 없는 사람은 완성 단계에 이른 사람이다. 내가 기존의 생각을 고집함으로써 그것을 수정하는 일을 하지 않는다면, 배움은 이미 멈춘 것이다. 이미 완성 단계에 이른 대부분의 한국 사회 구성원들처럼. 각자가 자기 생각의 출처조차 묻지 않은 채 기존 생각을 고집한다면, 좀 더 나은 사회로 나아가는 것도 불가능하다. 사회 변화는 구성원이 바뀌는 만큼 그 지평이 열리는데, 구성원들이 기존의 생각을 고집할 뿐 수정하지 않으니 변화가 어려울 수밖에 없다.

많은 사람들이 한국 사회가 바뀌어야 한다고 말한다. 또 우리 교육이 바뀌어야 한다고도 말한다. 그렇게 말하는 사람들 중 남을 설득하는 사람은 지극히 드물다. 또 그렇게 말하는 사람들 중 나부터 바뀌어야 한다고 생각하는 사람도 지극히 드물다. 한국 사회를 구성하고 우리 교육의 일익을 담당하는 내가 바뀌는 그만큼, 한국 사회나 우리 교육이 바뀔 가능성이 있지만 스스로는 바뀔 생각 없이 한국 사회가, 우리 교육이 바뀌어야 한다고 말할 뿐이다. 그렇게 모든 사람이 한국 사회, 우리 교육이 바뀌어야 한다고 말할 뿐 남을 설득하지도 않고 스스로 바뀌지도 않으므로 한국 사회, 우리 교육은 앞으로 바뀌지 않을 것이다. 사람들은 앞으로도 계속 말할 것이다. 한국 사회, 우리 교육이 바뀌어야 한다고.

노동조합을 비롯하여 시민사회단체의 활동가들 중에 교육부장을 맡은 사람이 가장 어렵다. 아무리 좋은 교육 프로그램을 만들어도 경제적 이익이나 건강에 도움이 되는 주제가 아니면 조합원이나 단체 회원이 교육장에 자발적으로 찾아오지 않는다. 완성 단계에 이르렀기에 설득될 게 없는 조합원, 단체 회원들이기 때문이다. 이들을 교육장에 동원해야 하는 교육부 장의 고충이 클 수밖에 없다. 노동조합을 비롯하여 시민사회단 체의 건강성은 학습과 교육을 통해 조합원과 단체 회원들의 역 량이 강화되는 만큼 확보될 수 있는데 우리 현실은 그렇지 않 다. 사회운동의 세 가지 축으로 "조직하라, 학습하라, 설득하라 (선전, 홍보하라)"를 꼽는데, 조합원이든 단체 회원이든 회의하 는 자아가 아니므로 학습도 하지 않고 설득도 하지 않으니 남 은 것은 '조직'뿐이다. 그리하여 노동조합이든 진보정치운동 조직체든 알량한 내부 권력을 차지하기 위해 조직원을 동원하 는 것이 운동의 주된 내용이 되고 말았다. 이것이 한국의 노동 운동과 진보정치운동이 성숙하거나 고양되지 못한 중요한 이 유 중 하나일 것이다.

그렇게 거의 모든 사회 구성원이 회의하는 자아로 살고 있지 않다. 회의하는 자아가 아니므로 부부 사이든 어떤 사이 든 참된 대화를 기대할 수 없다. 삶의 세계관이 서로 달랐다가 가까워지는 데서 오는 인간관계의 즐거움을 느낄 수 없다. 인 간은 본디 외로운 존재인데, 가정에서든 사회에서든 이 외로움 을 위무할 수 있는 인간관계의 돈독함과 풍요로움을 누리기 어 렵다. 외로운 존재로 남은 한국 사회 구성원들이 소유에 집착 하면서 물신주의에 귀의하는 것은 당연한 귀결이다.

생각하는 사람?

미술 교과서에 실렸기 때문일 것이다. 로댕의 작품인 〈생각하는 사람〉 조각상을 머릿속에 갖고 있지 않은 한국 사람은 드물다. 파리 시내 앵발리드 광장에서 가까운 로댕 박물관에 들어서면 뜰 왼쪽에서 〈지옥문〉과 노블레스 오블리주의 전형적인 인물들인 〈칼레의 시민들〉을 볼 수 있고, 오른쪽으로 발걸음을 옮기면 〈생각하는 사람〉과 마주하게 된다. 가까이에 〈발자크〉상도 있다. 〈생각하는 사람〉은 로댕이 단테의 『신곡』에서 영감을 받아 제작한 〈지옥문〉의 한 부분이었다. 문에는 지옥으로 들어가는 인간 군상의 고통과 죽음의 상들이 펼쳐져 있다. 평론가들은 로댕이 〈지옥문〉 중앙 상단에 인간을 심판하는 절대자 대신에 〈생각하는 사람〉을 올려놓은 것과 관련하여, 고뇌하는 단테를 염두에 둔 것이라고 말하기도 하고, 지옥에 몸을 내던지기 전에 자신의 삶과 운명을 처절하게 되돌아보는 인간의 내면세계를 표현한 것이라고 말하기도 한다. 그렇게 고뇌하거나 자신의 삶과 운명을 치열하게 되돌아보는 모습은 아니더라도 우리는 일상 속에서 생각하는 사람으로 살아가고 있을까?

"나는 생각한다, 그러므로 나는 존재한다." 우리는 이 말이 17세기 철학자 데카르트의 명제임을 잘 알고 있다. 여기서 우리가 잘 알고 있다는 건 무엇일까. 과연 무엇을 잘 알고 있다는 것일까. "나는 생각한다, 그러므로 나는 존재한다"는 말을 한 이가 프랑스 철학자이고 17세기 사람이라는 것을 잘 알고 있다는 것일까. 아니면 "나는 생각한다"라는 말의 의미를 곱씹어 되새겨보았다는 것일까. 내가 만약 생각하며 살고 있다면 어떻게 생각하면서 살고 있을까? 내가 "내 생각은 어떻게 내 생각이 되었나?"라는 물음을 강조한 것은 이 물음이 생각하는 사람의 조건이며 출발점이라고 보기 때문이다. 내가 생각하는 존재라면, "내 생각은 어떻게 내 생각이 되었나?"라는 물음을 부단히 던져야 한다. 내가 갖고 태어나지 않은, 지금 내가 갖고 있는 생각이 내 삶의 지향을 규정한다면, 지금 내가 갖고 있는 "내 생각은 어떻게 내 생각이 되었나?"라고 물어야 생각하는 사람이라고 할 수 있기 때문이다. 이 물음이 복잡하거나 어려운 분석적 사유를 요구하는 것도 아니다. 그렇지만 한국 사회 구성원의 대부분은 이 물음과 만나지 않은 채 살아가고 있고 단 한 번도 묻지 않은 채 죽음에 이르기도 한다. 내 논리에 따르면, 거의 모두 생각하는 사람으로 살고 있지 않은 것이다.

그렇다면 이미 완성 단계에 이른 사람들인데 생각하는 사람이 아니라는 건가? 실상은 생각하는 사람이 아니므로 완성 단계에 이른 양 살아가고 있는 것이다. 이에 관해 찬찬히 살펴보자. 사람은 생각하는 동물이지만 생각을 갖고 태어나지 않는다. 누구나 쉽게 알 수 있는 말이다. 이 말 중에 '생각하는'은 동사이며 과정인 데 반해, '생각'은 명사이며 결과물임을 알 수 있다. 데카르트의 명제에서도 동사 '생각한다'가 나온다. '생각하다'라는 동사의 사전적 풀이는 "사물을 헤아리고 판단하거나 앞으로 일어날 일에 대하여 상상해보거나 어떤 일에 대한 의견이나 느낌을 가지는 것"이다. 다시 말해, "나는 생각한다"라고 말할 때 그것은 사유의 주체로서 나 자신이 무엇인가를 헤아리거나 판단하거나 상상하거나 의견이나 느낌을 가진다는 것을 뜻한다. 그러면 명사이면서 결과물로 머릿속에 응고되어 있는 '생각'은 어떨까? 내가 지금 갖고 있는 생각들은 내가 세상에 태어난 후 사회화 과정을 통해 형성된 것으로서, 정리되어 있거나 아니거나 내 삶의 가치관, 세계관, 인생관이 담겨 있으므로 내 삶의 지향을 규정한다. 그렇다면, 내가 지금 갖고 있는 생각들이 어떤 것들이고 어떤 경로로 갖게 되었는지 묻고 생각해야 생각하는 사람이라고 말할 수 있다. 다시 말해, 내가 갖고 태어나지 않았지만 내 삶의 지향을 규정하는 내 생각을 내가 어떻게 형성했는지 묻지 않은 채 살아간다면, 그런 나를 생각하는 사람이라고 말할 수 없다는 뜻이다. 게다가 다른 사람과 마찬가지로 나 또한 지금 갖고 있는 생각을 고집하면서 내 삶의 푯대로 삼고 있는데, 그 생각을 내가 어떻게 갖게 되었는지 생각해본 적이 없다면, 그런 나를 생각하는 사람이라고 말할 수 있을까?

결론부터 말하자면, 다른 사회의 구성원들과 달리 우리에게는 '생각하다'의 과정 없이 '생각'을 머릿속 가득 입력하여 갖고 있다는 특별한 점이 있다. 한국의 대부분의 '나'들은 "내 생각은 어떻게 내 생각이 되었나?"라는 물음을 던지고 생각해본 적이 없을 만큼 생각하면서 살고 있지 않음에도 머릿속에는 많은 생각을 충만하게 갖고 있다. 따라서 우리는 이렇게 바꿔 말해야 한다. 나는 생각하는 존재라기보다 '생각하지 않은 생각'으로 충만하고 그것을 고집하면서 살아가는 존재라고. 이것이 이미 완성 단계에 이른 듯 살아가는 사람들의 양태다.

잘 알려져 있다시피, 데카르트의 명제 "나는 생각한다, 그러므로 나는 존재한다"는 중세와 결별하고 근대를 알리는 변곡점이었다. 4세기에 로마제국에서 국교로 공인된 뒤 1,000년 이상 유럽 대륙의 종교세계, 정신세계를 규율해온 가톨릭의 보편성이 신교와 구교로 분열되면서 균열이 일어나고 자연과학의 발달과 함께 천동설이 무너진 16세기를 관통한 뒤, 유럽의 근대철학이 17세기 전반에 데카르트와 함께 회의론으로 열렸던 것은 우연이 아니었다. 1,000년을 넘는 동안 그 누구도 부정할 수 없었던 가톨릭의 보편성과 천동설이 무너졌다. 모든 사람이 진리라고 믿었던 것이 무너져내릴 때 사람들은 의문을 품지 않을 수 없다. 의문을 품으면 생각해야 한다. 중세의 인간관은 성서에 나와 있듯이 "하느님에 의해 하느님의 형상에 따라 창조되었다"는 창조론에 입각해 있었는데, 그것이 무너지자 의문을 품었던 데카르트는 생각하는 존재로 근대의 인간관을 말했다. 데카르트의 명제를 놓고 생각해보더라도 "나는 누구인가?"라는 물음에서부터 우리는 의문에 부딪힌다. 또 생각한다는 것은 무엇일까? 요컨대 '생각한다'는 동사는 그것을 실제로 행할 때, 의문에서 비롯되고 의문으로 이어지게 되어 있다. '회의한다'에서 비롯하여 '회의한다'로 나아가게 되어 있다. "생각한다는 것은 무엇인가?"라고 자신이 던진 질문에 대한 데카르트의 답변의 첫 부분도 "의문을 품는 것"이다. 그는 『제일 철학에 관한 성찰(Meditationes de prima philosophia)』 중 「형이상학적 성찰 둘째」에서 이렇게 말했다. "생각한다는 것은, 의문을 품거나, 동의하고, 인지하며, 긍정하거나 부정하며, 바라거나 바라지 않으며, 상상하며 느끼는 것이다"라고.

　"'회의하다', 그것이 '생각하다'이다(Douter, ćest penser)." 데카르트 철학을 한마디로 표현한 명제다. '회의하다=생각하다'라고 할 때, 우리는 학교에서 암기했고 주입받았을 뿐 생각한 적이 없다. 따라서 회의하지 않는다. 우리는 동사이면서 과정인 '생각하다'와 명사이면서 결과인 '생각'의 성질이 정반대라는 점에 주목해야 한다. 이 점이 워낙 중요하므로 거듭 강조하건대, 동사인 '회의하다=생각하다'인 데 반해, 명사인 생각의 성질은 고집이다. 우리는 사회화 과정에서 생각해본 적이 거의 없다. 각 가정에서는 부모가 자식에게 생각하도록 하지 않고, 학교에서도 학생들에게 생각하도록 하지 않는다. 그래서 우리는 실제로 생각하는 시간을 갖지 않는다. 그렇게 우리는 사물과 현상에 대해 '어떻게 생각해야 할까'라는 '회의하다=생각하다'의 과정을 거치지 않았으므로, 자신의 의식세계에 입력된 생각을 막무가내로 고집하게 된다. 게다가 입력된 것은 정답이라고 주장된 것들이다. 얼마나 강고하게 고집하겠는가.

생각하지 않은 생각 1:
가정

우리는 어머니 배 속에서 나온 후 사회화 과정을 거친다. 이 사
회화 과정에서 가장 중요한 두 장소는 가정과 학교다. 이 두 곳
에서 우리는 우리의 사유세계의 대부분을 형성한다. 그런데 이
두 곳 모두에서 우리는 생각하지 않는다. 각 가정에서 부모가
자식을 생각하도록 이끌지 않고, 각 학교에서 교사가 학생을
생각하도록 이끌지 않기 때문이다. 가령 유대인 부모는 자식을
일상적으로 "네 생각은 무엇이니?" "너는 어떻게 생각하니?"라
고 질문을 던진다고 한다. 자식의 생각이 무엇인지, 어떻게 생
각하는지 끊임없이 질문한다는 것이다. 자식은 부모에게서 질

문을 받으니 어떻게 대답할까를 놓고 생각하는 과정을 끊임없이 갖는다. 우리는 그런 유대인과 완벽하게 대척점에 서 있다. 부모가 자식에게 어떻게 생각하는지 묻기는커녕 자식이 생각하는 존재로서 세상이 궁금하여 질문을 던지면 귀찮아하며 대충 답하거나 무시해버리는 경우가 많다.

유럽의 학자들이 아기가 생후 15~18개월 즈음 처음 말을 시작한 시점부터 만 3세가 될 때까지 하루 종일 한 말을 모두 녹음하여 분석하는 작업을 했다. 아무 생각 없이 태어난 아이가 어떻게 사유세계를 형성하는지 연구하기 위한 작업의 일환이었다. 생각은 눈에 보이지 않지만 생각이 입을 통해 표현되는 게 말이다. 따라서 사람의 말을 분석하면 그 사람의 사유세계를 들여다볼 수 있다. 유럽의 아이들이 가장 많이 사용한 단어는 첫째가 '엄마', 둘째가 '왜?'였다. 아이가 엄마에게 '왜?'를 묻는 것은 생각하는 존재이기 때문이다.

생각하는 존재인 아이는 세상만사가 궁금하다. 비는 왜 오는지, 밤은 왜 오는지, 손가락은 왜 다섯 개인지…. 아이는 엄마와 아빠에게 묻는다. 엄마와 아빠가 대답을 해주면 아이는 다른 질문을 또 던진다. 질문은 꼬리를 물고 이어진다. 한국의 가정에서는 꼬리를 물고 이어지는 자식의 "왜?"라는 질문을 빨리 차단하기 위한 답변이 대를 이어 전수된다. "크면 다 알아" "나도 몰라" "몰라도 돼"와 같은 불성실한 답변들이다. 아이의 자리에서 역지사지를 해보면, 아이에게 엄마와 아빠는 이미 다

큰 존재다. 엄마, 아빠가 다 컸기 때문에 아이인 내가 존재한다. 그렇다면 "크면 다 알아!"라고 말하는 엄마와 아빠는 알고 있으므로 대답을 해줘야 마땅한데, 그냥 "크면 다 알아"로 마감한다. 생각하지 않으며 사는 모습이다. 엄마와 아빠의 불성실한 답변에 만족할 수 없는 아이가 또 물어보면 결국 "시끄러워!" "바빠 죽겠는데 쓸데없는 질문을 하니?" 등으로 야단을 친다. 아이는 결국 "왜?"라는 질문을 던지지 못한다. 가장 가까운 엄마, 아빠가 "왜?"라는 질문을 싫어하니까. 이렇게 부모가 자식의 질문에 성실히 답변하지 않는 데에는 또 하나의 이유가 있다. 모든 물음에는 정답이 있으므로 자식에게 정답을 가르쳐주어야 한다는 강박이 그것이다. 가령 "손가락은 왜 다섯 개야?" "왜 우리 머리칼은 까만색이야?"라는 물음에 정답을 가르쳐주어야 하는데, 과연 무엇이 정답일까? 설령 정답이 있다고 해도 그 정답을 기억하고 있는 부모는 많지 않으니 정답을 가르쳐줄 수 없다. 정답이 없거나 가르쳐줄 수 없으니 얼버무리는 것인데 그래도 아이가 또 물으니 부모는 속으로 '나더러 어쩌라고?' 하면서 짜증을 내거나 야단을 치게 되는 것이다. 부모가 학교에서 사물과 현상에 관해 공부했을 때 다양함과 여백 대신 정답이 있다고 배웠기 때문이다.

아이의 "왜?"라는 질문은 결국 묵살된다. 부모로부터 거부당한 아이의 "왜?"라는 질문은 누가 받아줄까? 아무도 없다. "왜?"라는 질문이 죽은 사회는 토론 문화가 죽은 사회, 논리의 추구, 합리성의 추구가 죽은 사회다. 키케로라는 로마의 공화주의자이자 정치가가 2,000년 전에 반어법으로 사용한 "논리로 안 되면 인신을 공격하라!"가 오늘 한국 사회에 그대로 적용되는 이유다. 요즘 인터넷 시대라고 하고 쌍방 소통으로 민주주의 성숙의 가능성을 말하기도 하는데, 다양한 형태로 나타나는 댓글을 보면 나로서는 비관적이다. 인터넷 댓글에서 우리가 주로 발견하는 것은 인신공격성 발언들이다. 어떤 주장에 논리로 반박하기보다는 곧바로 인신공격을 한다. "왜?"라는 물음이 죽은 사회, 토론 문화, 논리의 추구, 합리성의 추구가 죽은 사회의 모습이다.

이렇게 우리는 어린 시절에 각 가정에서 부모로부터 '생각하는 존재'로 존중받지 못한다. 부모는 나를 애지중지하지만 내 말을 경청하지 않는다. 한 귀로 듣고 다른 귀로 흘려보낸다. 내 부모 또한 그 부모로부터 생각하는 존재로 존중받은 적이 없다. 그런데 나는 생각하는 존재다. 내가 생각하는 존재로서 존중받는다면 나는 사물과 현상에 대해 더 풍요롭고 정교하게 생각하려고 노력할 것이다. 그러면 더 존중받을 것이기 때문이다. 하지만 그런 일을 기대할 수 없다. 가장 가까운 부모로부터 생각하는 존재로 존중받지 못한 내가 어떻게 자존감을 가질 수 있을까? 불가능하다. 내가 좀 커서 학교에 가면 생각하는 존재로 존중받아 자존감을 가질 수 있을까?

생각하지 않은 생각 2:
학교

가정에서 "왜?"라는 질문을 가장 가까운 엄마와 아빠에게서 거부당한 나는 학교에서 생각하는 존재로 존중받을까? 그러나 나는 학교에서도 생각하는 공부를 하지 않는다. 공부 시간의 길이로는 세계에서 으뜸을 다투지만 그중에 생각하는 공부는 거의 없다.

인문사회과학은 인간에 대한 물음, 사회에 대한 물음의 학문으로 정답이 없고 사유와 논리가 중요하다는 말을 나는 기회가 있을 때마다 강조해왔다. 사회, 역사, 지리, 경제, 정치, 윤리, 철학, 언어 등이 여기에 해당된다. 한국의 학교에서는 이 교과목을 공부하는 모든 '나'들에게서 "나는 생각한다(코기토; cogito)"의 과정을 거의 없었다. '생각한다'가 없으므로 '나'도 없다. '생각한다'의 주어가 '나'인데 '생각한다'가 없으니 그 주체인 '나'도 없는 것이다. 가령 사회 교과 시간에 한국의 조세부담률에 관해 공부한다고 가정해보자. 한국의 조세부담률은 GDP 대비 26퍼센트 수준으로 OECD 국가들 중 멕시코와 꼴찌를 다투는데 이를 OECD 평균 수준인 34퍼센트로 올리는 것에 대해 어떻게 생각하는지 학생들에게 질문을 던진다면 학생 각자는 무엇을 하게 될까? 각자 나의 정체성과 세계관의 토대 위에서 내가 생각하는 바를 글로 쓰거나 말로 하거나 둘 중 하나다. 글쓰기와 말하기라는 두 가지 말고는 내가 생각하는 바를 피력할 길이 없다. 하지만 나는 교실에서 글쓰기도 말하기도 거의 하지 않는다. 나는 "나는 생각한다"의 과정을 요구받지 않는다.

생각은 곧 말이고 말은 곧 생각이다. 나는 생각하는 존재인데, 집에서와 마찬가지로 학교에서도 말하기와 글쓰기의 주체가 아닌 만큼 생각하는 존재가 아니며 숙지하는 존재에 머문다. 잘 숙지하면 성적이 좋아 우월감을 가질 수 있고 그렇지 않으면 열등감을 갖는다. 생각하는 존재로 존중받아 자존감을 가질 수 있는 사람은 아무도 없다. 내가 생각하지 않았으면 나의 사유세계가 비어 있어야 마땅한데, 나의 사유세계는 주입되고 숙지한 것들로 충만하다. 이제 '회의하다=생각하다'와 '생각의 성질=고집'의 등식을 되짚어보자. "나는 내 머릿속에 정답으로 주입된 생각에 대해 회의할 줄 모르고 막무가내로 고집한다"는 결론에 이른다. 글쓰기와 토론이 일상화된다면, 어제의 내 생각과 오늘의 내 생각이 다른 경험, 그리고 하나의 논제에 관해 내 생각과 내 짝꿍의 생각이 서로 다른 경험을 축적할 수 있다. 글쓰기와 토론이 없는 우리에게 이 경험은 축적될 수 없고 고집할 생각만 머릿속에 축적될 뿐이다.

글쓰기(말하기)와 암기의 차이점을 좀 더 꼼꼼히 살펴보자. 글은 누가 쓰나? 각자 내가 쓴다. 말(토론)은 누가 하나? 각자 내가 한다. 글쓰기와 토론에는 '나'가 있다. 나는 글쓰기와 토론을 통해 내가 생각하는 바를 피력한다. 반면에 '모든 학생'에게 똑같은 내용을 주입시키는 과정에는 당연히 '나'가 없다. '나'라는 존재가 없이 인간과 사회에 관한 학문이 가능할까? 가능하다면 그것은 전체주의 사회에서의 일이다. 그럼에도 우리 학교에서는 인문사회과학 교과목 수업이 '나' 없이 진행된다. '나'에는 남자도 있고 여자도 있고, 성소수자도 있고, 이주노동자의 아이도 있고, 가난한 사람, 부자인 사람, 농촌 사람, 도시 사람, 섬사람도 있다. 이렇게 다양한 '나'들이 나의 정체성과 세계관을 토대로 인간과 사회에 대한 물음에 나의 생각과 논리를 가져야 하고 글과 말로 펼쳐야 하는데, '나'가 없다면 그것은 인문사회과학이라고 할 수조차 없다. '나'가 없기 때문에 '나'들은 이 교과들에서 흥미를 느끼지 못한다. 나의 삶과 연결되는 공부일 때 흥미를 느낄 수 있고 인문사회과학은 본디 그런 학문이다. 그런데 나의 삶과 직접 연관이 없는 객관적 사실만을 주야장천 암기하라고 한다. 암기했다가도 쉽게 잊는 내가 어떻게 교과 공부에 흥미를 느낄 수 있겠는가. 대부분의 '나'들이 교실에서 잠자는 직접적인 이유다. '회의하다＝생각하다'의 등식을 되돌아보면, '나'가 없는 인문사회과학 공부, 내가 사유하는 주체가 아니라 다만 숙지하는 객체로 호명되는 공부를 통해 회의하는 자아가 되기 어렵다는 점은 쉽게 알 수 있다.

그렇다면, 나에게 숙지하도록 요구하는 내용은 누가 선택하고 어떤 것들일까? 나와 같은 처지의 피지배 민중이 선택하지 않은 것은 분명하다. 그 내용은 경제성장, 경쟁, 효율, 반공, 안보, 국가경쟁력 등 객관적 진리로 포장된 지배 세력의 세계관 또는 지배 이념이 주를 이룬다. 이것이 "사회적 존재가 의식을 규정한다"는 철학의 고전 명제가 한국에서 가진 자들이나 힘센 자들에게만 일방적으로 적용되는 가장 중요한 이유다. 박근혜 정권이 밀어붙였던 교과서 국정화가 이 점을 분명히 말해준다. 역사에 대한 해석까지도 지배 세력의 세계관이나 이념에 종속시켜 획일화하려고 했다. 교과서 국정화를 물리친 건 다행스러운 일이다. 하지만 그뿐이다. 학교 형태와 교장 임용 제도가 일제강점기 시절에서 별로 달라지지 않았듯이, 전체주의 교육 방식도 일제강점기 그대로이기 때문이다.

기회가 있을 때마다 강조했던 말을 다시 한번 꺼내보자. 우리나라 헌법 제1조 제1항은 "대한민국은 민주공화국"이라고 말한다. 그렇다면 대한민국 공교육의 1차적 소명은 대한민국의 국민을 민주공화국의 구성원, 즉 민주시민으로 형성하는 일이다. 그런데 민주공화국을 선포한 지 70년이 지난 최근에 와서야 '민주시민교육'을 말하기 시작했다. 나로서는 실로 놀라운 일이었는데 놀라는 사람이 별로 없어서 또 놀랐다. 민주시민교육은 1948년부터 시작되었어야 마땅했다! 학교에서 민주시민의식을 함양하려면 교육의 세 주체인 학생, 교사, 학부모가 학교의 주인이 되어야 한다. 민주적인 공간이어야 민주의식을 익힐 수 있기 때문이다. 그러나 교사회, 학생회는 아직 법제화되지 못했고, 학부모회만 법제화되었다. 학부모회만 법제화되었다는 점은 1990년대부터 한국을 전일적으로 지배하는 신자유주의 기조의 영향으로 학교와 교실에 의미심장한 변화가 있었다는 점을 보여준다. 즉, 신민을 길러내던 학교가 시민을 길러내는 학교로 탈바꿈하는 대신 고객을 상대하는 학원이 되었다는 점이다. 바로 이것이 적지 않은 학생들이 교실에서 거리낌 없이 잠잘 수 있게 된 배경이다. 신민이 타율성으로 복종하는 존재라면, 시민은 자율성을 가진 주체적인 존재다. 자율성을 형성하지 못한 채 고객이 되었으니 '제멋대로' 하는 것이다.

어떤 이는 교과서 국정화가 극단적인 예에 지나지 않는다고 주장하겠지만 학생들에게 주입하는 인문사회과학의 내용이

민중 중심의 시각에서 동떨어져 있다는 점은 분명하다. 프랑스 학생들과 달리 우리 학생들은 중3 교실에서 '모의 노사협의'를 하지 않으며, 고2 교실에서 "노동조합이 민주주의에 미치는 영향에 대해 쓰시오" 같은 논제와 만나지 않는다. 내가 '자본주의 사회'에 살고 있다면 '사회' 시간에 가장 중요하게 공부해야 할 것은 '자본주의'다. 내가 대부분의 학생들과 마찬가지로 장래에 자본주의 사회의 노동자로 살 가능성이 크다면 노동3권 등 노동자의 권리, 자본과 노동 사이의 모순관계, 노동운동의 역사를 배워야 마땅한데, 나는 노동자 정신보다 기업가 정신 쪽에 치우친 교육을 받는다. 나는 '기업하기 좋은 나라'라는 구호에 '일하기 좋은 나라'라고 맞받아칠 만한 주체적 의식, 비판 의식을 형성하지 못한다. 이 주제에 관해서는 다음 장에서 상술하기로 하자.

대부분의 '나'들은 학교에서 나로서 생각한 적이 없으므로 남의 자리에서 생각하는 역지사지의 지혜도 갖기 어렵다. 나의 자리에서도 생각하지 않았는데 어떻게 남의 자리에서 생각하겠는가. 계급의식을 형성하지 못한 나는 나와 같은 처지의 노동자나 서민에게 관심을 갖고 연대하는 대신, 유명인이나 부자, 연예인들에게 관심을 갖고 그들을 욕망하며 그들에게 복종하는 상징폭력의 희생자가 될 가능성이 대단히 높다.

그뿐이 아니다. 우리는 인문사회과학을 암기 과목으로 만

듦으로써 지적 인종주의를 강화했다. 부모를 선택할 수 없어 유색인종으로 태어난 사람들을 차별하는 것을 당연하게 받아들이는 정신 자세가 인종주의라면, 부모를 선택할 수 없고 뛰어난 IQ를 선택할 수 없이 태어난 학생의 성적이 낮다는 이유로 그를 차별하는 것을 당연하게 받아들이는 정신 자세가 지적 인종주의다. 운 좋게 IQ가 높고 부유한 집안에서 태어난 학생이 수학·자연과학의 성적이 좋은 것은 어쩔 수 없는 일이라고 하더라도 인문사회과학은 책을 많이 읽은 학생이나 특별한 계기로 특정 과목에 흥미를 느끼게 된 학생에게 유리해야 마땅한데, 우리는 IQ 높고 부유한 집안 학생이 모든 과목에서 좋은 성적이 나오게끔 만들었다. 그 결과 각 학급에서 소수의 학생만 공부에 흥미를 가질 뿐이고 대부분의 학생들은 '잉여'가 되었다. '나'가 없고, 그래서 '나'와 관련도 없고 흥미도 없는 인문사회과학 교과목 때문에 낮은 IQ를 갖고 태어나 차별받고 잉여로 남아야 하는 수많은 학생들은 무슨 잘못을 저질렀나? 또 그런 학생들은 어떤 의식세계를 형성할까? 거칠지만 다음 추론을 부정할 수 없다면, 거의 모든 '나'들이 '존재를 배반하는 의식'을 형성하고 학교를 떠난다.

① 나는 집에서도 생각하는 시간을 갖지 않았는데, 학교에서도 글쓰기와 토론 시간을 거의 갖지 않았다. 곧 생각하는 시간이 없었다. 생각하지 않으므로 비판력이 없는 데서 멈추지 않고, 회의할 줄 모르고 사유세계에 입력된 것을 고집한다.

② 나의 사유세계에 입력된 것의 대부분은 객관적 진리로 포장된 지배 세력의 관점 또는 지배 이념이다.

③ 나는 학교에서 받은 낮은 등급이 한국 사회에서의 내 위치로 규정되는 것을 받아들여 피지배 대중의 일원이 되는데, '존재를 배반하는 의식'을 갖고 있으며 그것에 대해 회의할 줄 모르고 막무가내로 고집한다.

많은 사람들이 지적하듯, 개천에서 용 나던 시절은 이미 지났다. 지난 시절에는 일제가 망하고 분단과 전쟁을 겪으면서 사회 상층에 빈자리가 생긴 데다 경제 규모가 커지면서 사회 상층의 자리가 많이 늘었다. 서민 출신 자식들이 들어갈 틈새가 있었다. 오늘날엔 그 자리들이 이미 채워졌으며 '고용 없는 성장'의 저성장 시대, '수축사회'가 말해주듯 사회 상층의 자리뿐만 아니라 '괜찮은' 일자리도 줄고 있다. 병목현상이 심해지는 상황에서, 엄청난 사교육비를 들이고 유치원 때부터 자기들만의 트랙(영어유치원-사립초등학교-국제중학교-특목고-SKY 또는 미국의 MBA 등)을 가진 특권 부유층의 자식을 서민 출신이 따라잡아 용이 될 가능성은 로또 복권에 당첨될 확률보다도 낮다. 특권층 트랙 학교가 아닌 일반 학교의 교사들은 학생들에게 "하면 된다!"라는 거짓말을 하지 않아야 한다. 한국의 교육과정은 이미 사회계층의 단순 대물림을 합리화해주는 과정으로 공고히 자리 잡혔다.

양심적인 교사라면 학생들에게 계층 상승의 헛된 희망을 갖게 하기보다는 비판 의식과 주체적 의식을 갖게 해야 한다. 사회 양극화 구조를 그대로 둔 채 상층을 차지하기 위한 경쟁을 부추기기보다—이미 노동자, 서민의 자식에게는 그 길이 닫혀 있다—그 양극화 구조를 혁파할 수 있는 비판적 안목을 갖도록 해야 한다는 것이다. 토론 수업을 강조하는 혁신학교의 지향은 백번 옳지만 아직 태부족이다. 글쓰기와 토론이 인문사회과학 공부의 일상이 되어야 하는데 양념처럼 곁들이는 정도에 머물고 있어서다. '학생부'는 여전히 학생들을 대상화하고 있다는 점에서 근본적인 해법이 될 수 없다. 나는 대학 평준화 말고는 그 어떤 다른 해법이 없다고 단언한다. 특히 학교에서 "나는 생각한다"를 살리려면 다른 길이 없다. 대학 서열 체제는 학생들에게 등급과 석차를 매기도록 강요함으로써 독서와 토론 수업을 몰아낸 주범이기 때문이다.

"독서는 사람을 풍요롭게 하고 글쓰기는 사람을 정교하게 한다." 누구도 부정할 수 없는 참 명제인데, 대학 서열 체제는 교사와 학생에게 독서와 글쓰기에서 멀어지도록 강제해왔다. 전체주의 학습 방식인 주입식 암기 교육이라는 역사적 족쇄와 대학 서열 체제라는 제도적 족쇄가 결합하여 "나는 생각한다"를 학교와 교실에서 몰아낸 것이다. 이 점에 관해 국어와 역사 과목을 예로 살펴보자.

우리는 국어 공부를 왜 하고 또 국어 능력이란 무엇인가?

한국 사회 구성원으로서 말하기 능력, 글쓰기 능력, 독해 능력, 한국 문학에 대한 이해 능력을 갖기 위해서라고 말할 수 있다. 그렇다면 국어 교사는 학생들의 말하기 능력, 글쓰기 능력, 독해 능력, 한국 문학에 대한 이해 역량을 높이도록 애쓰고, 평가도 학생들의 말하기 능력, 글쓰기 능력, 독해 능력 등을 평가해야 마땅하다. 그러자면 학생 각자에게 말을 하게 하고, 글을 쓰게 하고, 글을 읽게 해야 한다. 학생들은 높은 평가를 받기 위해서 글쓰기와 토론을 일상적으로 하고 평소에도 독서를 꾸준히 할 것이다. 그런데 우리 학생들은 시를 암송하고 시인이 어느 파에 속하는지 암기하고 '樂山樂水'를 어떻게 읽는지 등의 방식으로 국어 능력을 평가받는다. 물론 시를 암송하기도 하고 시인이 어느 파에 속하는지, '樂山樂水'를 어떻게 읽는지도 알아야 하지만, 그것들은 우리가 말하기 능력, 글쓰기 능력, 독해 능력을 갖기 위한 참고 사항에 속하는 것이다. 그것들을 숙지하는지의 여부는 국어 능력의 일부만을 반영할 뿐인데 그것만으로 우리의 국어 능력을 평가한다. 이 지점에서 양심적인 국어 교사라면 인정해야 할 것이다. 학생들에게 글쓰기와 토론을 하게 하고 그것으로 학생들의 국어 능력, 즉 말하기 능력, 글쓰기 능력, 독해 능력을 평가하는 것은 그 과정이 어렵기도 하거니와 특히 등급, 석차를 매길 수 없는 난관에 봉착한다는 것을. 그래서 암기와 숙지 여부로 학생들의 국어 능력을 평가하는 편법을 쓰고 있다는 것을. 국어라는 학문은 다른 인문사회과학과 마찬가지로 학생들을 평가함에 있어서 정확히 등급과 석차를 매길 수 없는 학문인데도 일제강점기 시절부터 자리 잡은 주입식 암기 교육의 관성에 따르고 대학 서열화의 요구에 부응해 국어라는 학문을 왜곡시켰다는 것을. 그리하여, 국어 교사는 자신의 전공과목인 국어 학문을 반죽음에 이르게 하는 데 지금까지 동참해왔고 지금도 동참하고 있다는 것을.

역사 교과목도 마찬가지다. 우리가 역사 공부를 하는 이유는 무엇인가? 역사를 보는 안목을 갖기 위해서라고 줄여서 말할 수 있다면, 역사 교사는 학생들이 역사를 보는 안목을 갖도록 노력하고 그에 따라 평가도 해야 한다. 그러자면 학생들에게 역사와 관련된 논제를 주고 글을 쓰게 하고 토론을 하도록 해야 한다. 그러나 우리 학생들은 가령 '묘청의 난'이 언제 일어났는지 연대를 암기하고 갑자사화, 기묘사화, 을사사화, 무오사화를 연대순으로 숙지하도록 요구받는다. 물론 그런 역사적 사실을 암기하거나 숙지하는 것도 필요하지만 그것들은 학생 각자의 역사를 보는 안목을 기르기 위한 참고 사항에 속한다. 그것들에 대한 암기나 숙지 여부로 학생을 평가하는 것은 역사를 공부하는 본디 목적인 역사를 보는 안목을 평가하는 것에서 멀리 떨어져 있다. 이 지점에서 양심적인 역사 교사는 인정해야 할 것이다. 학생들에게 역사와 관련된 논제를 주고 글쓰기와 토론을 하게 하여 그것으로 학생의 역사를 보는 안목을 평가하는 것은 그 과정이 어렵기도 하거니와 특히 등급과 석차를 매길 수 없는 난관에 봉착한다는 것을. 그래서 연대를 암기하거나 역사와 관련된 용어를 숙지하는지의 여부로 학생 각자의 역사를 보는 안목을 평가하는 편법을 쓰고 있다는 것을. 역사라는 학문은 다른 인문사회과학과 마찬가지로 학생들을 평가함에 있어서 정확히 등급이나 석차를 매길 수 없는 학문인데도 일제강점기 시절부터 자리 잡은 주입식 암기 교육의 관성에 따르고 대학 서열화의 요구에 부응해 역사라는 학문을 왜곡시켰다는 것을. 그리하여 역사 교사는 자신의 전공과목인 역사학이라는 학문을 반죽음시키는 데 지금까지 동참해왔고 지금도 동참하고 있으며 앞으로도 그럴 참이라는 것을.

올바른 교육이라면 ① 그 교과목을 학습해야 하는 목표 ② 그 목적을 이루기 위한 학습 과정 ③ 그 과정을 통해 목적에 얼마나 다가갔는지에 대한 평가의 세 부분에서 통일성을 이루어야 한다. 그런데 우리는 학생을 줄 세울 수 없는 학문인 인문사회과학에서까지 줄을 세우는 평가를 위해 목적을 왜곡시켰다. 본말전도가 이를 두고 하는 말이다. 언제까지 이를 그대로 둘 것인가.

프랑스
바칼로레아의
철학 논제

나는 운 좋게 꽤 높은 IQ를 갖고 태어났다. 그것은 내 노력의
결과도 아니고 내가 선택한 것도 아니다. 그런데도 나는 이중
으로 혜택을 받았다. 수학 과목의 성적이 좋은 편이었는데 책
을 별로 읽지 않고도 인문사회과학 교과목에서도 성적이 좋았
다. 그 덕에 나는 중학교부터 대학까지 내로라하는 학교를 다
닐 수 있었다. 사회에 나간 뒤에 개인적인 사연 때문에 자식 둘
이 유치원부터 대학원까지 전 교육과정을 한국이 아닌 프랑스
에서 다녔다. 그렇게 나는 두 나라의 학교 교육을 경험했다. 한
국의 공교육은 혜택을 듬뿍 받은 학생의 자리에서 경험했다면,

프랑스 공교육은 가난한 난민의 자식인 두 아이를 통해 학부모의 자리에서 경험했다는 차이가 있다. 두 아이는 고등학교 3학년 때에도 공부에 치여 지내지 않았다. 일주일 수업 시수가 27~28시간이었는데(월, 화, 목, 금요일 오전 3시간, 오후 3시간가량으로 하루에 6시간 이상) 하교한 뒤에 책상에 앉아 공부하는 시간은 많지 않았다. 학원에는 가본 적 없다. 그런 학생들이 대학입학자격고사(바칼로레아)에서 어떤 문제와 만나는지 2019년에 출제된 철학 시험 문제를 일별해보자. 세 개의 논제가 주어지는데 그중 하나를 선택하여 네 시간 동안 논술하게 되어 있다. 철학은 필수과목인 데다 가중치도 높다. 인문계의 경우 프랑스어가 5학점, 제1외국어가 3학점인데 철학은 7학점이다.

인문 계열

- 시간을 벗어나는 것은 가능한가?
- 예술 작품을 설명하는 것은 어떤 쓸모가 있는가?
- 헤겔의 『법철학』(1820) 텍스트 읽고 설명하기

사회경제 계열

- 윤리는 최선의 정치인가?
- 노동은 인간을 분리하는가?
- 라이프니츠의 「데카르트의 원리에 관한 일반론」(1692) 읽고 설명하기

자연 계열

- 문화의 다양성은 인류 통합에 장애가 되는가?

- 자기 의무를 인지하는 것은 자유를 포기하는 것인가?

- 프로이트의 「환상의 미래」(1927) 텍스트 읽고 설명하기

바칼로레아 첫날 철학 시험을 본 학생들은 둘째 날 역사 시험에서 다음 두 개의 논제 중 하나를 택해 논술했다.

주제 1: 중동지역은 2차대전 이후 지금까지 갈등이 지속되고 있다. 그 경과에 대해 논하라.

주제 2: 드레퓌스 사건 이후 프랑스에서 일어난 정치적 위기 속에서 미디어와 여론 사이의 관계에 대해 논하라.

고등학교 3학년 때 철학 공부를 집중적으로 하고 있다는 점은 프랑스인들에게 은근한 자긍심의 원천이다. 언론에서는 매년 6월 중순에 시행되는 바칼로레아의 첫날에 치르는 철학 시험 문제를 소개하곤 한다. 가령 〈르 몽드〉는 자연 계열 학생들에게 "노동을 덜 하는 것이 더 잘 사는 것인가?"라는 논제가 출제되었던 2016년에도 학생들을 인터뷰하여 기사화했다. 시험을 마치고 나온 18세의 에웬은 소감을 묻는 기자에게 이렇게 말했다. "나는 논술의 한 부분을 직업 생활과 사생활 사이의 균형에 관해 썼어요. 그것이 행복하기 위해 필수적이라고 봤거

든요." 에웬과 같은 논제를 택했던 17세의 마리안느는 마르크스, 헤겔, 한나 아렌트와 아리스토텔레스를 인용하여 여덟 페이지를 썼다고 말했다. '노동'에 관한 논제는 바칼로레아 철학 시험에 거의 출제되지 않았다고 한다. 1970년대 당시 사회의제와 관련된 '노동 없는 사회'가, 1980년대에는 '자유로운 시간, 자유의 시간'이 철학 시험 논제로 출제되었다고 한다. 수험생들은 '노동'에 관한 논제보다는 '자유' '진리' '정의'에 관한 논제들을 더 필수적인 것으로 알고 있고 그만큼 준비도 충실히 하는 편이다.

이 글을 읽는 분은 고교 3년생인 17세의 마리안느가 마르크스, 헤겔, 한나 아렌트와 아리스토텔레스를 인용하면서 여덟 페이지를 썼다는 "노동을 덜 하는 것이 더 잘 사는 것인가?"라는 논제에 관해 무엇을 쓸 것인지 잠시 돌아보면 좋겠다. 설령 말이 많고 토론을 즐기는 프랑스인들에게 거품이 있다고 하더라도 우리와 전혀 다른 층위에 있음을 인정하지 않을 수 없을 것이다. 또 그들의 사유세계가 닫혀 있지 않으리라는 점도 가늠할 수 있을 것이다. 그들도 자기 생각을 고집하지만 그러면서도 '내가 잘못 알고 있을' 가능성을 염두에 두고 있다는 점도. 우리로서는 결코 유쾌할 수 없는 일이지만, 그들의 사유세계는 우리보다 높은 층위에 있으면서 열려 있는데, 우리의 사유는 그들보다 낮은 층위에 있으면서 닫혀 있다고 인정해야 하지 않을까.

"한국 대학생들의 사회문화적 인식의 수준은 스웨덴의 중학생 수준이다."

한국에서 태어나 어린 나이에 스웨덴에 입양된 청년이 던진 말이다. 대학생 때 한국에 교환학생으로 왔던 경험에서 나온 그의 말이 내게는 충격적으로 다가오지 않았다.

"그렇게 인문사회적 소양의 수준이 우리와 다른 프랑스나 유럽에서 극우 정치 세력이 준동하는 것은 왜인가요?"

내가 이따금 받는 질문 중 하나다. 그렇다. 오늘날 프랑스를 비롯한 유럽 나라들에서 극우 정치 세력의 영향력이 계속 커지고 있는 것은 사실이다. 유럽에서 극우 세력이 급성장하는 배경으로 경기침체의 장기화와 복지 축소, 이민자의 급증, 좌파 정당들의 우경화에 의해 버림받은 중하층 노동자와 서민층에 대한 극우 정치 세력의 선동 등이 꼽힌다. 그렇지만 나는 극우 정치 세력이 중앙정권을 장악하지 못하는 것이 무엇보다 그들의 교육 덕분이라고 보고 있다. 몇 년 전 한국 교육부의 정책기획관이라는 인물이 "민중은 개돼지와 같다" "신분제를 정했으면 좋겠다"고 말해 물의를 빚었다. 각자는 사물과 현상을 인식하는 그만큼 자아가 정립된다. 한국의 교육정책을 총괄한다는 그의 발언이 내게는 별로 충격적이지 않았다.

물론 위에 소개한 프랑스의 고등학교 3학년생이 만나는 철학과 역사 논제만으로 두 나라 학생의 인문적·사회문화적 소양의 차이, 나아가 두 나라 공교육 층위의 차이를 모두 설명할 수는 없다. 그럼에도 위에 열거한 논제들을 잠시라도 곱씹어보자. 그리고 '자기소개서' 때문에 어려움을 겪고 있는 우리 학생들을 떠올리며 질문을 던져보자. 우리 학생들이 청소년 시절을 거의 모두 저당 잡힌 채 학습노동에 시달리고 있는데, 그것으로 우리는 무엇을 얻고 있는가? 그런데 놀랍게도 우리가 빠진 함정에 관해 이미 2,500년 전에 경고한 분이 있었다.

> 학이불사즉망(學而不思則罔)
> 사이불학즉태(思而不學則殆)
> 배우기만 하고 생각하지 않으면 얻는 게 없고
> 생각하기만 하고 배우지 않으면 위태롭다.

배우기만 하고 생각하지 않으면 얻는 게 없다! 공자님 말씀이다. 바로 우리 모습 아닌가. 배우고 익힘을 강조하셨던 공자님도 "나는 생각한다"의 중요성을 놓치지 않았다. 배우기와 생각하기는 어우러져야 한다는 게 2,500년 전부터 내려온 동양의 지혜인데, 우리에겐 배우기만 있고 생각하기가 없다. 그래서 얻는 것이 없다. 심각한 문제는 바로 여기서 시작된다. 얻는 게 아무것도 없으면 머릿속이 차라리 비어 있어야 하는데 전혀 그렇지 않다. "나는 생각한다(=나는 회의한다)"가 없는 채 지배 세력이 선정한 생각(=고집)을 정답으로 주입받았기 때문에, 존재를 배반하는 의식을 갖고 있음에도 회의할 줄 모르고 그것을 막무가내로 고집하는, 완성된 존재처럼 살아가는 것, 이것이 한국의 대다수 피지배 대중이 보여주고 있는 서글픈 자화상이다.

제 3 부

존재와 의식 사이의

함정들

우리가 안고 있는 모순은 계급 모순, 분단 모순, 지역 모순, 젠더, 생태 문제 등으로 전 세계에서 가장 복합적이다. 모순이 워낙 첨예한 탓도 있겠지만, 활동 양태나 주장들도 온유하지 못하고 거칠다. 각자가 자기만의 래디컬을 주장하게 되면 결국 모두 극단주의로 치달을 위험이 있다. 우리 모두에게 겸손함이 필요하다. 의지로 회의하는 자아가 되어 나부터 변화하고 성숙하자. 나도 수시로 설득된다는 조건 아래 내 가족과 이웃과 동료를 설득해야 한다. 존재를 배반하는 의식에서 벗어나도록! 일거에 세상을 바꿀 수 있는 묘책은 없다.

농지개혁과
기본자본

앞에서 강조했듯이, 내가 지금 갖고 있는 생각들을 고집하면서 살고 있다면 그 생각들은 어떤 생각들이고 내가 어떤 경로로 갖게 되었는지 묻고 생각해야 '생각하는 사람'이다. 즉, "내 생각은 어떻게 내 생각이 되었나?"라는 물음이 생각하는 사람의 조건이며 출발점이다. 이제 "내 생각은 어떻게 내 생각이 되었나?"라는 물음을 놓고 분석적으로 생각해보자.

"지금의 내 생각들은 내가 갖고 태어났을까?"

"아니다. 사람은 생각하는 동물이지만 생각을 갖고 태어나지 않는다."

"그러면 지금의 내 생각들은 내가 창조하여 갖고 있을까?"

"어림도 없다. 우리들 중에 생각을 창조할 만한 경지에 오른 사상가는 극소수도 되지 않는다."

"그러면 지금 내 생각들은 내가 선택한 것일까?"

글쎄⋯ 내가 선택한 생각이 아주 없지는 않을 것이다. 분명한 점은 이것이다. 설령 내가 주체적으로 선택하여 가진 생각이 있다고 하더라도 그것은 나의 사유세계의 총량 중 지극히 일부분에 지나지 않는다는 것 말이다. 그럼에도 나는 지금 내가 갖고 있는 생각들을 고집하면서 내 삶의 푯대로 삼고 있다. 그 생각들은 내가 갖고 태어나지 않았고 내가 창조한 게 아니다. 내가 선택한 게 있다손 쳐도 그것이 나의 사유세계에서 차지하는 비율이 미미한데도 불구하고, 내가 지금 갖고 있다는 이유만으로 그 생각들을 고집하면서 살고 있다. 과연 나는 내 삶의 주인일까? 내가 진정 생각하는 존재라면 다음 결론에 이르러야 마땅할 것이다. 나는 나의 사유세계를 폭넓은 독서와 열린 토론, 직접 견문, 성찰적 숙고 등을 통해 주체적, 능동적으로 형성하기보다는 한국의 지배 세력이 장악한 교육과정과 미디어가 전달, 유포하는 것들을 주입하고 흡수하면서 형성해왔고 형성하고 있다. 나는 그렇게 형성한 내 생각들에 대해 회의할 줄 모르고 막무가내로 고집하면서 살아간다. 나는 '지배체제의 로봇'에서 얼마나 멀리 떨어져 있을까? 입력하고 조종하는 대로 움직이는 로봇 기계와 나는 얼마나 다를까? 욕망이나 감정을 갖고 있다는 점을 제외하면?

이제 내가 선택한 생각이 있다고 가정하고 그 생각에 관해 물어보자. 나는 그 생각을 왜 선택했을까? 가령 "당신은 다음 생각들 중에 어떤 것을 선택하겠습니까?"라는 물음에 대한 몇 개의 보기 중에 하나를 선택했다고 가정했을 때, 왜 나는 그것을 선택했을까? 이것은 나로 하여금 철학 명제의 하나인 "사회적 존재가 의식을 규정한다"와 만나게 하는 물음이다. 쉽게 말해, "나는 내 존재, 내 처지, 내 정체성에 맞는 생각을 갖고 있을까?"라는 물음과 만나는 것이다. 느닷없지만 이쯤에서 우리보다 두 세대 앞서 이 땅에 살았던 선대들은 어떤 생각을 선택하여 갖고 있었는지 보기로 하자. 해방 이듬해인 1946년 8월 13일 자 〈동아일보〉는 당시 남한을 지배했던 미국 군정청의 여론국이 38선 이남 주민 8,453명을 대상으로 실시한 여론조사 결과를 보도했다. 질문 항목 중에 "귀하는 어느 것을 찬성합니까?"라는 물음이 있었는데, 이에 대한 답변 분포는 다음과 같았다.

(가) 자본주의 1,189인(14%)

(나) 사회주의 6,037인(70%)

(다) 공산주의 574인(7%)

(라) 모른다 653인(8%)

『해방일기』 4권, 너머북스)

생산수단을 사유화할 것인지, 공유화할 것인지, 아니면 국유화할 것인지를 물은 질문이었는데, 당시의 절대다수 사회 구성원이 생산수단의 공유화에 지지를 표명했다. 그들이 사회 주의에 관해 정확히 파악하고 있어서 70퍼센트가 찬성한다고 응답했다고 볼 수는 없을 것이다. 그렇지만 막연하게라도 평등 의 가치와 더불어 사는 사회를 사회주의에서 찾았다는 점은 부 인할 수 없다. 그들의 사유세계는 당시 대부분이 가난했던 그 들의 처지에서 크게 벗어나지 않았다. 일제의 굴레에서 막 벗 어났고 새로운 지배 세력의 지배 이념이 교육과정이나 미디어 또는 관변조직을 통해 광범위하게 전파되기 이전이어서 "사회 적 존재가 의식을 규정한다"의 명제가 왜곡되지 않고 적용될 수 있었다.

70여 년 전 이 땅을 살았던 선대들이 가졌던 정치의식에 대해 오늘의 사회 구성원들은 대부분 "빨갱이들 천지였네!"라 는 부정적인 반응을 보일 것이다. 그러나 그렇게 말하는 사람 들 중에 우리 선대들이 그런 정치의식을 가졌기 때문에 오늘의 우리가 있게 되었다는 점을 알고 있는 사람은 많지 않다. 오늘 날 한국이 국민소득 3만 달러 수준에 오를 수 있게 된 데에는 1949년에 실시된 농지개혁이 가장 중요한 기반이 되었다는 점에 동의하지 않는 경제학자는 찾기 어렵다. 한국이 경제성장 을 이룰 수 있었던 요인 중에 국민 다수가 교육의 기회를 갖게 된 점을 빼놓을 수 없는데, 그 길을 열어준 것이 농지개혁이었다. 해방 당시 남한은 농민이 80퍼센트 이상을 차지했고, 그중 절대다수가 자기 소유의 농지를 갖지 못한 소작농이었다. 그들은 농지개혁을 통해 비록 소규모 농경지라고 할지라도 자작농이 될 수 있었고, 자식들을 학교에 보내기 위해서 밤낮을 가리지 않고 땀 흘려 일해 생산성을 높였다. 남한의 농지개혁은 '유상몰수, 유상분배'로 실시되어 북한의 '무상몰수, 무상분배'에 비하면 훨씬 온건한 방식이었지만, 자본주의 체제에서 사유재산권을 누르고 '경자유전(耕者有田)의 원칙'이 관철되었다는 점은 부정할 수 없다. 이런 일이 오늘 같았으면 가능했을까? 분단체제가 굳어진 오늘의 한국은 어느 나라, 어느 시대보다도 사유재산권을 신성불가침의 영역에 올려놓고 있는 국가다.

이렇게 한국 경제성장의 초석을 마련했던 농지개혁을 이승만 정권이 실시할 수밖에 없었던 것은, 북한이 1946년에 이미 토지개혁을 시행했다는 점과 더불어 남한 사회 구성원들이 위와 같은 정치의식을 갖고 있었기 때문이었다. 극우 성향의 이승만이 조봉암 선생을 농림장관에 임명할 수밖에 없었던 이유도 마찬가지였다. 따지고 보면, 그 혜택을 받아 오늘에 이른 후대 사람들이 그 계기를 마련해준 선대 사람들에게 "빨갱이들 천지였네!"라고 능멸하고 있는 셈이다. 70여 년 전의 선대들과 오늘을 사는 후대들 중 어느 쪽이 "사회적 존재가 의식을 규정한다"는 명제에 더 충실한지는 생각하는 존재라면 금세 알 수 있지 않을까.

『21세기 자본』으로 유명한 프랑스의 경제학자 토마 피케티는 최근에 기본소득뿐만 아니라 '기본자본'이 필요하다고 주창했다. 그는 자신의 새 책『자본과 이데올로기(Capital et Idéologie)』에서 사회 양극화가 극심해진 오늘, 청년들에게 출발선에서의 평등을 위해 기본자본을 줄 필요가 있다고 주장했다. 프랑스의 경우 25세가 되는 모든 청년들에게 12만 유로(약 1억 5,000만 원)를 주자고 구체적인 수도 내놓았다. 혁명적인 발상인가? 실현 가능할까? 가슴속에 이런 물음을 품을 수 있겠다. 대부분은 벌써 비현실적, 몽상적이라며 조롱하는 대열에 서 있을 것이다. 그런데 70여 년 전 남한에서 실시된 농지개혁이 다른 게 아니라 소작농들에게 기본자본을 준 것이었다. 그리고 그것은 앞서 말했듯이 사회 구성원들이 자신의 처지에 맞는 의식, 즉 자신의 사회경제적 존재에 맞거나 가까운 의식을 갖고 있어서 실현될 수 있었다. 오늘 20 대 80으로 양극화된 사회에서 '80'에 속하는 나에게, 그래서 '20'에 속하는 집안의 자식들과 달리 가난하고 상속받을 재산도 별로 없는 나에게 과거 소작농들에게 농지가 주어졌듯이 기본자본이 주어진다면 나의 처지는 훨씬 좋아질 것이다. 나는 경제적 공포에서 벗어나 좀 더 자유로운 존재가 될 수 있다. 쌍수를 들어 환영하고 법제화되도록 적극적으로 정치에 참여해야 마땅하다. 절대다수인 '80'의 요구는 민주주의 사회에서 실현될 수 있다. 그렇지만 실제로 일어나는 일은 그 반대라는 것을 우리는 잘 알고 있다. 왜 그럴까? '80'에 속한 '나'들의 처지가 갈구하는 것임에도 불구하고 바로 그 '나'들의 의식이 거부하거나 무관심하기 때문이다. 적잖은 사람들의 사유세계에는 그런 정책 제안이 있다는 정보 자체가 전달되지 않을 것이다. 이처럼 나의 처지가 요구하는 것임에도 불구하고 그것을 거부하거나 무관심하거나 모르고 있다면, 나의 사유세계에 무엇인가 들씌워져 있는 게 아닌가, 또는 내가 그런 정보들에 무관심하거나 모르도록 만드는 환경 속에 갇혀 있는 게 아닌가 하는 의문을 품어야 한다.

그래서 강조하고 또 강조하는 것이다. 내가 기본자본이나 기본소득, 무상의료나 대학 무상교육, 공공임대주택 건설, 토지 보유세 강화 등의 정책 제안에 대해 빨갱이들이 주장하는 사회주의 정책이라면서 지레 부정적으로 생각하고 있거나 아예 관심조차 갖고 있지 않다면, 그런 생각을 내가 어떻게 갖게 되었는지 물어야 한다고! 그 생각, 내가 갖고 태어났을까? 아니다. 그 생각, 내가 창조했나? 어림도 없다. 그렇다면 그 생각, 내가 선택했을까? 그럴 리 없다. 그 정책들이 실현된다면 나의 처지가 훨씬 좋아질 텐데 왜 내가 그 정책을 거부하는 생각을 선택하겠나? 하지만 실제 일어나는 일은 항상 이런 것이다. '80'에 속한 나는 존재를 배반하는 의식을 갖고 있으면서도 그것에 대해 일말의 회의도 없이 막무가내로 고집하면서 살아간다는 것. 자유의 날개는 저 먼 곳에서 슬픈 날갯짓을 하고 있다.

이런 문제와 관련하여, 철학자 슬라보예 지젝은 '과잉 계몽'을 말하기도 한다. 대중이 잘 몰라서 그렇게 하는 게 아니라 "다 알지만 그렇게 한다"는 것이다. 하지만 가정과 학교에서 "나는 생각한다"가 실종된 한국 사회는 좀 다를 것이다. 계몽이 불가능하다는 점은 같지만, "알지만 그렇게 한다"가 아니라 "알려고 하지 않기 때문에" 또는 "다 알고 있다고 믿기 때문에" 불가능한 쪽에 있다고 본다. "나는 생각한다"가 없는 사람들은 회의할 줄 모르며 생각의 문을 열지 않는다. 회의하는 사람이어야 설득이든 계몽이든 가능하다. 가령 17세기 유럽에서 회의론으로 출발한 근대철학이 다음 세기인 18세기에 '빛의 세기' '계몽의 세기'로 꽃피울 수 있었던 이유 중 하나는 당시 사람들이 회의했기 때문에 생각의 문을 열었고 그래서 설득이 가능했다는 점에 있었다.

'개똥 세 개'의
가르침

우리는 영화를 관람하면서 주인공과 나를 일치시킨다. 주인공이 겪는 고통과 불행에 함께 괴로워하고 주인공의 행복에 함께 즐거워한다. 영화 속에서 잠깐 스쳐 지나가는 수많은 엑스트라는 말할 것도 없고 조연과도 나를 일치시키려고 하지 않는다. 아무리 선한 역할을 맡았어도 조연이나 엑스트라의 고통이나 불행에는 공감하지도 않고 감정이입도 하지 않는다. 나 또한 마찬가지여서 영화뿐만 아니라 이야기 서사를 만날 때에도 나를 주인공과 일치시킨다.

어린 시절 나에게 외할아버지는 가장 가까운 말동무였다.

외할아버지가 주로 말씀하셨고 나는 주로 들었다. 그 시절 겨울은 매섭게 추웠다. 찬 바람이 세차게 불면 문풍지가 파르르 떨었다. 고즈넉한 저녁 시간, 희미한 불빛 아래 화롯불을 사이에 두고 마주 앉은 외할아버지가 옛날 얘기를 시작했다. 나는 두 손으로 턱을 괴고 외할아버지를 빤히 쳐다보았다.

옛날에 서당 선생이 삼 형제를 가르쳤다. 어느 날 서당 선생은 나란히 앉은 삼 형제에게 장래 희망을 물어봤다. 첫째가 대답하길 "저는 커서 정승이 되겠습니다"라고 하니, 서당 선생이 "그렇지! 사내대장부는 포부가 커야지"라고 응수하면서 흡족한 표정을 지었다. 이어서 둘째가 "저는 커서 장군이 되겠습니다"라고 하니, 서당 선생이 이번에도 흡족한 표정을 지으며 "아암, 그래야지. 사내대장부라면 큰 뜻을 품어야지"라고 했다. 그러고는 막내를 바라보며 "너는 커서 무엇이 되고 싶으냐?"라고 물었다. 막내는 잠시 생각하더니 "저는 장래희망은 그만두고 지금 여기에 개똥 세 개가 있었으면 좋겠습니다"라고 대답했다. 엉뚱한 대답에 서당 선생이 "개똥 세 개? 그건 왜?"라고 물을 수밖에. 막내가 대답하길 "저보다 글 읽기를 싫어하는 만형이 정승이 되겠다고 큰소리를 치니 그 입에 개똥 한 개를 넣어주고 싶고… 저보다 겁이 많은 작은형이 장군이 되겠다고 큰소리를 치니 그 입에도 개똥 한 개를 넣어주고 싶고…." 여기까지 말한 막내가 우물쭈물하니, 서당 선생이 일그러진 표정으로

"그럼 마지막 한 개는?" 하며 버럭 소리를 질렀다.

여기까지 말씀하신 외할아버지가 잠시 뜸을 들이시다가 나에게 물었다. "애야, 막내가 뭐라고 했겠니?" 나는 주저 없이 "그거야 서당 선생 먹으라고 하지 않았겠어요?"라고 대답했다. "그건 왜 그러냐?" 나는 또 서슴없이 "큰형과 둘째 형의 그 엉터리 같은 소리에 맞장구치며 좋아했으니까 그렇죠, 뭐!"라고 대답했다. 내 대답에는 주저함보다 자신감이 넘쳤다. 그러자 외할아버지는 나를 넌지시 바라보면서 이렇게 말씀하셨다. "그래, 네 말이 맞다. 마지막 세 번째 개똥은 서당 선생이 먹어야 마땅하지. 그런데 애야, 지금 내가 하는 말을 잊지 마라. 앞으로 네가 살아가면서 오늘처럼 세 번째 개똥을 서당 선생이 먹어야 한다는 걸 잘 알면서도 그 말을 하지 못할 때엔, 그땐 네가 그 세 번째 개똥을 먹어야 한다. 무슨 말인지 알겠느냐?" "알았어요." 나는 작은 머뭇거림도 없이 대답했다. 그러나 나는 세상을 살아가면서 세 번째 개똥을 하나도 먹지 않는다는 것은 애당초 불가능하다는 것을 알게 되었다. 나는 "세 번째 개똥은 당신 몫입니다!"라고 발언했어야 마땅했음에도 침묵하고 지나갔던 나 자신을 자주 발견했다. 그렇지만 세 번째 개똥을 되도록 적게 먹으려고 노력했다.

그런데 언제부턴가 나의 속내 한구석에 께름칙한 무엇인가가 똬리를 틀고 있다는 걸 느꼈다. 그것은 내가 나를 '개똥 세 개' 이야기에 등장하는 삼 형제 중에서 막내와 일치시킨 것과 관련되었다. '나는 그럴 자격이 있나?' 나는 첫째와 둘째를 타자화했고 능멸했다. '그런 나는 첫째보다 글 읽기를 즐기고 있나?' '나는 둘째보다 겁이 없나?' 이런 물음들이 나를 헤집었다. 나는 글 읽기보다는 놀이를 훨씬 더 즐겼다. 또 겁도 많다. 나는 막내보다 첫째와 둘째에 가까웠다. 나는 나의 진짜 모습에 가까웠던 첫째와 둘째를 타자화하고 업신여겼던 나 자신을 되돌아봐야 했다. '개똥 세 개'의 등장인물이 '세 자매'가 아니라 '삼 형제'라는 점을 알아차린 건 그보다 또 한참 뒤의 일이었는데, 그러자 삼 형제의 바깥에 있는 나를 발견하게 되었다. 프랑스 땅에서 가난한 난민의 처지가 되었을 때, 막내는커녕 첫째나 둘째도 아닌, 서당 마당을 쓰는 개똥이가 된 내 모습을 발견했던 것이다.

앞서 말했듯이, 내가 세 번째 개똥을 되도록 먹지 않겠노라 다짐하고 애썼던 것은 사실이다. 돌아보면, 나의 평탄치 못한 삶은 시대적 환경도 작용했겠지만 세 번째 개똥을 적게 먹으려고 노력한 것과 무관하지 않다. 하지만 내 처지가 바뀌지 않았다면 나의 진짜 모습이 아닌 셋째와 나를 동일시하면서 우쭐해했던 한계를 끝내 벗어나지 못했을 가능성이 크다. 다시 말해, 나 자신의 모습인데도 남인 양 계속 타자화하고 업신여길 뿐만 아니라, 나의 사유세계 바깥에 내가 존재할 수 있다는

점도 인식하지 못한 채 오늘을 살고 있을 수 있다는 것이다. 이
보다 두려운 일이 또 있을까! 나는 '개똥 세 개' 이야기의 교훈
만으로도 '회의하는 자아'를 벗어날 수 없게 되었다.

공감 능력과
감정이입

1, 5, 13, 37은 이 땅에서 죽는 사람들의 하루 평균 수들이다. '1'은 오늘 한국에서 타살되어 죽는 사람의 하루 평균 수, '5'는 산업재해로 죽는 노동자의 수, '13'은 교통사고로 죽는 사람의 수, '37'은 자살로 생을 마감하는 동시대인의 수다. 이 숫자들 중 산업재해로 죽는 노동자의 수 '5'와 자살로 삶을 마감하는 동시대인의 수 '37'은 공식 통계에 잡혀 있는 것이어서 실제로는 더 많을 것으로 추정된다. 이 숫자들은 세계 최고 수준의 자살률과 노인 빈곤율, 역시 세계 최고의 노동시간과 무관하지 않다.

20 대 80으로 양극화된 사회에서 '5'와 '37'에 속하는 사람들은 모두 '80'에 속하는 사람들이다. 그들 중 김용균 군이나 이민호 군처럼 그 비극적인 서사가 세상에 알려지는 경우는 지극히 드물다. 이 글을 쓰는 중에도 내가 살고 있는 고양시 일산에 있는 호수공원에서 70대 노부부가 동반 자살했다는 소식을 지인의 페이스북을 통해 알게 되었다. 오늘 우리는 미디어의 홍수 시대를 살고 있지만 이 슬픈 소식은 어느 미디어의 단신으로도 소개되지 않았다. 실상 우리가 미디어를 통해 만나는 서사들은 대부분 '20'과 관련된 것들이고 '80'과 관련된 것은 사회면에 양념처럼 곁들여지는 정도에 머문다. 나의 사유세계는 온갖 미디어가 전달하는 각종 서사와 정보, 논평을 흡수하는데 그 서사와 정보, 논평의 주인공과 발화자는 거의 모두 '20'에 속하는 사람들이다. 최근에는 케이블방송이 범람하면서 '20'에 속하는 사람들의 시시콜콜한 동정과 신변잡기까지 소개되고 있다. 나의 사유세계는 더욱 '20'에 속하는 정치인, 연예인, 대학교수, 전문가, 의사, 변호사 등의 인물들과 그들이 유포하는 논리와 주장으로 채워지고 그들에게 친밀감까지 느끼게 되었다. 그리하여 나는 '80'에 속해 있지만 연예인, 부자, 유명인, 호감 정치인에게 관심을 갖게 된 반면, 나와 같은 서민이나 노동자들에게는 무관심하다. 서사가 보이지 않으니 눈길이 갈 수 없고 눈길이 가지 않으니 관심을 가질 수 없다. 서양 격언인 "Out of sight, out of mind(눈에서 멀어지면 마음에서도

멀어진다)" 그대로다. 내가 즐겨 보는 드라마나 영화 속에서도 내가 시선을 집중하고 동일시하는 주인공은 거의 모두 '20'에 속한 사람들이다. 이렇게 '80'의 사유세계는 '20'의 것들로 채워지면서 '80'에 속한 자신의 삶을 소외시킨다.

　타자의 고통이나 행복의 감정을 같이 느낄 수 있는 것이 공감 능력인데, 이 공감 능력은 진보의 중요한 가치 중 하나다. 내가 자유인을 지향한다면 타자의 고통과 불행을 공감하는 데 그쳐서는 안 되고 그 고통과 불행을 줄일 수 있도록 행동에 나서야 한다. 내가 자유로운 존재이기를 바란다면 타자 또한 자유로운 존재가 되도록 도모해야 하기 때문이다. 그러나 나의 자유의지는 자유롭지 않다. 내 몸이든 행동이든 내 사유세계의 바깥으로는 움직일 수 없기 때문이다. 가령 내 머릿속에 이어도라는 섬이 들어 있지 않다면 내가 이어도에 갈 수 없듯이, 내 머릿속에 강남역 철탑 위 허공의 새가 되어 있는 김용희 씨가 없다면 그에게 공감하고 연대활동을 벌일 수 없다. 이렇게 나의 사유세계가 '80'의 서사 대신 '20'의 서사로 가득 차 있다면, 나는 '80'에 속한다고 할지라도 같은 처지의 '80'에게 공감하거나 감정이입하지 못하고 '20'에게 공감하고 감정이입한다.

　그러면 '20'에 속하는 사람들은 어떨까? '80'에 속하는 사람들의 고통과 불행에 공감하고 감정이입할까? 그것은 더 기대하기 어렵다. 오히려 '80'을 업신여기고 혐오하거나 갑질을 하지 않으면 다행이다. 갑질을 행하는 '갑'의 대부분은 자신이 갑질을 행하는지조차 인식하지 못한다. 이것이 우리의 현실이다. '20'에게 갑질을 당하기도 하는 '80'의 고통과 불행을 같은 처지의 '80'이 공감하고 감정이입하고 연대해야 하는데 그들은 서로 관심 자체가 없어서 그럴 가능성이 없다는 것 말이다. 갑질이 제어되지 않는 것은 당연한 귀결이다. "무관심은 잔인한 것이다. 아이러니하게도 그것은 매우 활동적이며 강력한 힘을 갖고 있다고 할 수 있다. 왜냐하면 무관심은 무엇보다도 추악한 권력의 남용과 탈선을 허용해주기 때문이다."『경제적 공포』를 쓴 비비안느 포레스테의 말이다.

상징폭력

우리는 프랑스의 사회학자 피에르 부르디외가 개념화한 상징
폭력을 곱씹어볼 필요가 있다. 상징폭력은 피지배자들로 하여
금 사회적 위계를 정당하거나 당연한 것으로 받아들이도록 함
으로써 지배자들에게 복종하도록 이끄는 지배 기제다. 몸에 대
한 물리적 폭력 행위가 그 순간의 복종을 이끌어내는 반면에,
상징폭력은 피지배자들에게서 지속적인 복종을 이끌어낸다.
이에 대해 부르디외의 예시를 통해 알아보기로 하자. 가령 일
용직 노동자나 저소득층의 아이가 학교에 가면 교사와 만나게
되고, 교사가 사용하는 언어는 그때까지 부모한테서 들어온 언

어와 사뭇 다르다는 점을 알게 된다. 아이는 교사의 언어가 고급한 것, 지배적인 것임을 받아들일 수밖에 없다. 언어체계가 사유체계이고 세계관의 반영이라고 할 때, 아이는 교사의 세계관을 가지려고 노력할 수밖에 없다. 그런데 바로 그 세계관에 의해 자신을 부정적인 존재로 여기거나 열등감 또는 무가치하다는 느낌을 갖게 된다. 이것이 상징폭력이다. 노동자와 서민들은 상징폭력을 당해 지배자의 세계관과 의식, 욕망을 자기 것으로 받아들이기 때문에 일하는 사람으로서 자존감이나 긍지를 갖기 어렵고 스스로를 하찮은 존재로 여기게 되는 것이다.

이 상징폭력 개념을 20 대 80의 사회에 적용해보자. '20'은 자신의 가치관, 세계관을 보편적인 것, 모두의 것으로 규정할 능력을 갖고 있는 반면에, '80'은 '20'의 사유체계 이외에 다른 것을 가질 수 없기 때문에 상징폭력에서 벗어날 수 없다. 정확히 자각하지 못한 채 은밀한 방식으로 복종이 일어난다는 점에서 에티엔 드 라 보에시의 '자발적 복종'과 흡사하지만, 피지배자들이 지배자의 의식과 욕망을 자기 것으로 받아들였다는 점에서 다르다. 『스피노자는 왜 라이프니츠를 몰래 만났나』를 쓴 정치철학자 매튜 스튜어트는 최근에 한국에 소개된 『부당 세습: 불평등에 공모한 나를 고발한다』에서 이렇게 말했다. "교육 수준이 높고 뛰어난 자질을 갖춘 사람들이 자기들의 집단 이익을 위해 함께 행동하면 이는 공공 이익에 복무하는 일로 인식되는 반면, 노동자계급 사람들이 노동조합을 통해 똑같은 일을 하면 자유시장의 신성한 원칙을 위반하는, 폭력적이고 반근대적인 일로 받아들여진다." 이 또한 상징폭력의 효과라고 할 수 있다.

가난한 자들, 억압받는 자들 사이의 연대는 진보에게 대단히 중요하다. 그러나 사유세계가 온통 '20'의 것으로 채워져 있고 상징폭력을 당해 지배 세력의 세계관을 자기 것으로 만든 피지배자들은 같은 처지에 있는 피지배자들의 고통과 불행에 감정이입하지 않으며, 지배자에게 감정이입하여 그와 함께 즐거워하고 분노한다. 오늘날 미디어가 확산되면서 호감 정치인이나 유명인들에 대한 대중의 감정이입은 더욱 폭넓게 이루어지는데, 특히 SNS가 활성화되면서 '20'에 속한 유명 인사들과 '트친' '페친' 등으로 연결되기도 하므로 더욱 친근감을 느낀다. 이와 반대로 호감 정치인이든 유명인이든 자신에게 감정이입하는 '80'에게 감정이입을 하는 경우는 지극히 드물다. 개돼지로 보지 않으면 다행일 정도다.

다시 말하건대, '80'은 '20'의 즐거움에 함께 즐거워하고 슬픔에 함께 슬퍼하기도 하지만 '20'은 '80'의 자리에서 함께 슬퍼하거나 분노하지 않는다. 이것이 2019년 가을 서초동 집회에서 울려 퍼진 "우리가 조국이다!"라는 구호에 담긴 실상의 중요한 단면이다. 호감 정치인이나 유명인에 대한 팬덤이 형성되어 다수를 이루기 때문에도—함께하는 사람이 이렇게 많으니 우리가 옳다!—대항 논리는 여간해서 수용되지 않는다. 계급의식이 형성되지 않은 탓이 크지만, 수십만에 이르는 사람들이 한 목소리로 자기도 57억 원에 이르는 자산가이며, 대학교수, 장관급이라고 외쳤던 것인데, 그들 중에 '20'에 속하는 사람이 아주 없지는 않을 것이다. 그럼에도 절대다수가 '80'에 속한다는 것을 부인할 수 없다. '80' 중에서는 상층에 속하겠지만….

나는 스스로 사회주의자라고 언명한 ─ 사회주의자이면서 자유주의자라고 했는데, 아무튼 ─ 조국 씨가 청와대에 입성하는 것을 보며 신선함을 느꼈다. 그런데 진보를 말하는 것과 진보를 사는 것이 다르고, 사회주의를 말하는 것과 사회주의를 사는 것은 다르다. 우리는 신이 아닌 사람이므로 말과 실제 행동은 다를 수밖에 없다. 공자님은 "말은 항상 지나치고 행동은 항상 미치지 못한다" "군자는 말이 행동보다 지나치는 것을 부끄러워한다"고 말씀하셨다. 누군가 말했듯이, 위선은 말과 행동을 다르게 사는 사람이 아니라 말과 행동을 다르게 살면서도 다르지 않게 산다고 말하는 사람을 일컬을 때 사용하는 말이다. 조국 씨는 SNS 활동에 무척 열심이었고 성찰이라는 말을 빈번히 사용했다. 그의 성찰은 그의 말과 행동의 간극을 조금도 줄여주지 않은 듯했다. 나에게 그는 점차 해석하기 어려운 인물로 비쳤는데, 수많은 동시대인들이 "우리가 조국이다!"라고 말하는 놀라운 상황을 만나게 되었던 것이다.

미국 브루킹스연구소의 선임연구원인 리처드 리브스는

『20 VS 80의 사회』에서 좋은 학교가 있는 동네에 사는 것, 능력 본위를 강조하는 대학입시, 인턴 기회의 불공정한 배분 등 세 가지를 '기회의 사재기'라고 불렀다. 그는 상위 20퍼센트가 이 기회의 사재기를 통해 부와 권력을 대물림하면서도 이를 자녀의 머리와 재능, 노력의 대가라고 주장한다고 했다. 또 20퍼센트의 상류층이 석박사 학위를 "세대 간 지위 전승의 가장 중요한 수단"으로 삼아 "상속을 통해서가 아니라 시장에서 인정받는 능력을 통해 계급을 재생산"하고, "자신이 공명정대하게 승리했다"고 생각한다고 분석했다. 조국 가족은 하면 안 되는 일까지 포함하여 할 수 있는 모든 수단을 총동원해서 리브스가 말한 기회의 사재기에 나섰는데, 서초동에서 "우리가 정경심이다!"라고 외친 그 수많은 사람들이 "삼루에 태어나⋯ 삼루타를 치는""기자, 학자, 기술자, 경영자, 관료들, 이름에 박사 (PhD), 의사(Dr)와 같은 알파벳이 붙는" 사람들이었을까?

태극기 부대의 광화문 집회와 "우리가 조국이다!"의 서초동 집회와 관련하여 세대로 갈라진 진영 논리로 설명하기도 한다. 진영 논리가 정책과 이념을 실종시켰고, 정치인에 대한 호오 감정에 따른 팬덤 정치가 옳고 그름의 이성적 판단을 흐리게 했다고 분석할 수 있는데, 그렇게 된 연유로 공감 능력과 감정이입이 일방통행으로 작동한다는 점을 강조할 필요가 있다. 즉, 광화문 집회에서는 박근혜에게 감정이입하여 대통령이었던 사람을 불쌍히 여기는 '80'에 속하는 사람들이 주를 이루었다면, 서초동 집회에서는 '조국 가족'에게 감정이입하여 검찰에 분노한 '80'에 속한 사람들이 주를 이루었다는 것이다. 200만 명이었든 20만 명이었든 검찰의 열한 시간 압수수색에 분노하여 집회에 참여했다고 말하는 사람들 중에 정작 검찰의 압수수색을 당할 일이 있는 사람이 얼마나 될까? 반대로 그들 중에 강남역의 김용희 씨나 김용균 씨 이후에도 위험의 외주화로 일터에서 생명을 잃고 있는 하청노동자들과 이주노동자들, 석 달 넘게 농성 투쟁을 벌인 톨게이트 노동자들에게 관심을 갖고 분노하는 사람은 얼마나 될까? 그들이 겪는 고통과 불행에는 관심도 없으니 분노를 느끼지 않는 반면, 호감 정치인이 겪는 고통과 불행에는 내가 겪는 것처럼 열화와 같이 분노를 일으킨다. 이 분노의 감정은 논리적이지 않다. "조국이 무너지면 문재인이 무너진다"고 비약하고, 노무현 전 대통령을 잃었던 지난날의 울분과 연결시켜 두 달 전까지 적폐 세력 청산의 주역이라고 박수를 쳤던 검찰에 분노의 화살을 집중적으로 보냈다. 급기야 검찰은 적잖은 사람들에게 악마의 화신이 되어야 했다. 검찰이 개혁되어야 한다는 점을 누가 부정할까마는 자기들에게 동참하지 않으면 수구 세력과 한패인 양 몰아붙였다. 분노의 감정이 논리적 사유의 가능성을 없앤 탓이다.

이러한 상징폭력 현상을 정치인들만 이용하는 게 아니다. 워낙 수많은 사람들이 관련되어 있는 데다 감정이 작용하기 때문에 미디어 영업자들에겐 그냥 넘어갈 수 없는 호기가 된다.

그들에게 진실은 중요하지 않다. 중요한 것은 박근혜나 조국 가족에게 감정이입하는 수많은 사람들이 원하는 정보를 선별, 강조해 보도하거나 가공하여 전달하는 일이다. 이 과정에 이름값을 올리려는 지식분자들과 전문가 집단이 동원된다. 『세계의 진실을 가리는 50가지 고정관념』의 저자 파스칼 보니파스는 세상에서 벌어지는 일을 해석할 때 우리가 빠지기 쉬운 유혹으로 '단순화하기'와 '전문가에게 맡기기'를 들었다. 호감 정치인에게 감정이입하는 사람들이 이미 단순화하기의 유혹에 빠진 상태에 있다면, 그들의 입맛에 맞는 정보를 제공하기 위해 미디어가 선정한 전문가에게 맡기기도 저항 없이 이루어진다. 이 전문가들 중에는 자신이 잘못된 판단을 내렸다는 점이 나중에 밝혀져도 과거 황우석 사태 때 그랬듯이 사과나 반성 없이 슬쩍 넘어갈 사람이 대부분이다. 다수에 속한 사람의 권리가 그런 것이다. 그리하여 탈진실의 정치는, 확증 편향에서 벗어나기 어렵고 상징폭력을 당하는 수많은 동참자들과, 이들이 원하는 정보만 제공하고 주장을 펴는 전문가 집단을 동원한 미디어가 서로 호응하면서 각 진영의 울타리 안에서 완결된다. 〈르몽드〉의 정치평론 기자 실비 코프만은 "인터넷과 사회적 관계망에서 사용되는 알고리즘은 모든 시민들을 서로 모순되는 정보와 부딪히지 않은 채 똑같은 방식으로 생각하게 만드는 지적, 미디어적 환경에 가두는 인식틀을 형성한다"고 지적했다. 조국 사태는 "서로 모순되는 정보와 부딪히지 않은 채 똑같은 방식으로 생각하게 만드는 지적, 미디어적 환경에 가두는" 게 '조중동'만의 일이 아니라는 사실을 보여주었다. 진보 미디어는 기존 독자나 시청자들에게서 외면당할까 봐 진실을 밝히는 데 있어서 위축된 모습을 보여주었다.

우리는
시리아인이다!

상징폭력은 세계화된 세계에서 광범위하게 이루어진다. 우리
는 미국의 케네디 대통령이 1961년에 서베를린을 방문했을
때 군중 앞에서 "나는 베를린인이다!"라고 선언하여 환호를 받
았던 일과 2001년 9월 11일 뉴욕의 세계무역센터에 대한 테
러가 일어났을 때 〈르 몽드〉 신문이 "우리는 모두 미국인이다!"
라는 제목의 사설을 썼던 일을 떠올릴 수 있다. 그런데 과문의
탓일까, 나는 미국의 부시 대통령이 대량살상무기를 핑계로 이
라크를 침략했을 때나 그로 인해 어린이들을 비롯하여 수십만
의 이라크인들이 죽임을 당했을 때 "우리는 이라크인이다!"라

는 제목의 사설을 썼다는 서방의 — 진보를 표방하는 매체를 포함하여 — 언론에 관해 들어보지 못했다. 우리는 세계를 바라보는 데 있어서 서방 주류 언론의 세계관을 나의 것으로 갖게 되었고, 국제정치 무대에서 한국의 위치를 서방세계에 맞춘다. 이것이 한국에서 테러방지법이 별 저항 없이 통과된 배경이다.

2015년 11월 13일, IS(이슬람 국가)의 지하드 테러리스트들이 자행한 파리 테러로 130명의 사망자와 350여 명의 부상자가 발생했다. 우리가 억울한 희생자들을 추모하고 가족들을 위로하는 한편, 테러리스트들의 반인륜적 행위를 비난하고 응징해야 한다는 세계 여론에 동조하는 것은 당연한 일이다. 하지만 우리가 우리의 자리를 제대로 인식한다면 여기서 멈추면 안 된다. 2011년에 시작된 '아랍의 봄'은 수많은 시리아인들에게 오히려 재앙이 되었다. 알 아사드 정권과 쿠르드, IS 등 반군 세력 사이의 전쟁으로 수많은 시리아인들이 죽임을 당했고 2,000만 인구 중 절반에 이르는 1,000만 명이 난민 신세가 되었다. 우리는 기껏해야 유럽행 난민들에 관한 기사를 만날 뿐이지만, 그보다 훨씬 더 많은 시리아인들이 유럽에 갈 만한 경제적 능력이 없어 시리아 국내나 요르단, 레바논, 이집트, 터키 등 가까운 나라에서 난민이 되어 힘든 하루하루를 보내고 있다. 언제 고향으로 돌아갈 수 있을지 기약 없는 채로. 이런 상황에서 세계 언론은 주로 어디를 비추고 있을까? 우리가 만나는 세계 소식을 비유적으로 표현하자면, "우리는 파리지앵이다!"는 크게 보이지만 "우리는 시리아인이다!"는 거의 볼 수 없다. 하지만 국제정치에서 우리의 처지가 파리지앵보다 시리아인에 더 가깝다고 인식한다면 "우리는 시리아인이다!"라고 말할 줄 알아야 할 것이다.

우리가 두려워해야 할 게 과연 테러일까? 우리가 두려워해야 할 것은 단언컨대, 전쟁과 폭정이다. 우리 자신이 잔혹하기 짝이 없는 전쟁을 겪었으며 오랫동안 폭정에 시달렸음을 잊을 수 없거니와 한국은 세계 체제의 중심부에 속하는 미국이나 유럽이 아니다. 미국은 베트남 전쟁 이후 "전쟁을 일으키되 겪지 않는다"는 전략을 구사한다. 이 전략은 그들이 벌인 이라크와 아프가니스탄 전쟁 이후 더욱 공고해졌다. 앞으로 그들은 지상군 파견은 최소화하면서 대리전으로 대신하거나 공중에서 투하하는 폭탄 중심으로 전쟁을 벌일 것이며, 따라서 민간인 희생자 비율은 더욱 늘어날 것이다. 주변부에 속하는 시리아는 오늘도 알 아사드 정권의 폭정과 전쟁의 참화에서 헤어나지 못하고 있다. 우리가 두려워해야 할 것이 테러가 아니라 전쟁과 폭정이라는 점은 2011년 '아랍의 봄' 당시 시리아인들의 자리에 서보면 충분히 알 수 있다.

다시금 돌아보자. 국제정치라는 냉정한 드라마 속에서 우리의 자리는 주인공에 가까울까, 엑스트라에 가까울까? 미국 존스홉킨스대학교 교수 출신으로 카터 행정부 시절 국가 안보 담당 보좌관을 역임한 즈비그뉴 브레진스키의 『거대한 체스

판』이라는 저작이 있다. 이 책에는 친절하게 '21세기 미국의 세계 전략과 유라시아'라는 부제가 달려 있다. 미국이 유라시아 대륙을 마치 거대한 체스판처럼 앞에 놓고 지긋이 내려다보면서 체스 게임을 벌이는 모습을 상상하게 만드는 제목이다. 이 체스 게임에서 우리의 자리는 여지없이 '졸(卒)'이다.

서양이 동양을 어떤 방식으로 바라보고 또 지배하는지에 관해 팔레스타인 출신의 에드워드 사이드는 그의 역작 『오리엔탈리즘』을 통해 날카롭게 파헤쳤다. 우리가 잊지 말아야 할 것은 오늘날의 제국주의적 지배는 정치적·경제적·군사적 지배뿐만 아니라 바로 정치적·경제적·군사적 지배를 원활하게 하기 위해서도 문화제국주의라는 강력하면서도 은밀한 기제가 작동한다는 점이다. 여기에 영어가 중요하게 작용한다는 것은 물론이다. 우리에게 충분히 익숙해진 할리우드 영화도 빼놓을 수 없다. 세계의 주류 언론 또한 여기서 크게 벗어나지 않는다. 물론 배타적 민족주의(쇼비니즘)에 빠져서는 안 되겠지만, 한순간도 우리의 자리를 인식함에 있어서 헤매서는 안 되며 우리의 정체성을 놓쳐선 안 된다.

그런데 우리가 잘못된 인식에 갇혀 있다는 뚜렷한 증거가 있다. 한국 사회의 물질지상주의와 결합되어 만연해 있는 'GDP 인종주의'가 그것이다. 한 나라 출신 사람들을 평가할 때 그 개인들을 보려고 하지 않고 출신국의 국민소득 수준으로 그 사람을 평가한다. 하기야 이미 초등학생들이 세입자나 임대

아파트 거주자를 '거지', 가난한 아이를 '벌레'라고 부르는 지경에 이르렀으니 더 할 말이 있겠는가. 부모들한테서 배우지 않는다면 그럴 수 없을 터인데 그들의 눈에 보이는 것은 온통 '돈세상'이다. 내국인에 대한 그런 시각이 외국인에게도 적용되어, 미국인이나 유럽인을 비롯한 제1세계 사람들은 받는 것 없이 올려다보고, 동남아시아나 아프리카 등 제3세계 사람들은 주는 것 없이 깔본다. 하지만 그런 시선은 그대로 우리 자신에게 꽂혀 마땅하다. 우리는 과연 누구의 처지와 가까운데 누구로 인식하고 있나? 개똥 세 개 이야기에서 셋째와 동일시하면서 나의 진짜 모습인 첫째와 둘째를 타자화하고 능멸했던, 수치스러운 내 이야기의 국제 버전이라고나 할까.

미국에 가면서 "나, 이번에 미국에 들어가!"라고 말하는 사람이 적지 않다. 미국에 "간다"고 말하는 대신 "들어간다"고 말한다. '들어간다'는 "바깥에서 안으로 간다" "주변에서 중심으로 간다"는 뜻이다. 한국이 바깥, 주변이고 미국이 안, 중심인 사람들이다. 프란츠 파농의 『검은 피부, 하얀 가면』을 보면 검은 피부의 아프리카인들이 백인을 욕망하듯이, 미국이 자기 나라였으면 하는 희망 사항이 충분히 내면화되어 자연스럽게 "미국에 들어간다"고 말하게 되었을 것이다. 강자에 대한 욕망과 복종 심리가 이 지경에 이르렀다면 여기에 권위에 대한 복종 심리를 결합하면 어떨까? 미국의 사회심리학자 스탠리 밀그램이 이미 반세기 전에 행했던 실험을 다시 한번 상기해보자.

밀그램은 인간이 본디 선한 존재라고 믿었다. 그럼에도 상황에 따라 극악한 행동을 할 수 있다는 점을 놓치지 않았다. 어떻게 개명한 독일 국민 가운데 그렇게 많은 사람들이 나치 치하에서 집단 학살의 동조자가 되었을까? 그의 실험은 이 물음에서 비롯되었다. 그는 전문 배우 두 사람을 초청해 한 사람에겐 교수 역할을, 또 한 사람에겐 학생 역할을 하도록 주문했다. 일반 사람들 중에서 선택된 실험 대상자들은 두 사람의 실험에 도우미로 참여해달라는 부탁을 받았다. 그들은 교수의 요구에 따라 학생에게 전기 충격을 가하는 체벌을 수행했다. 실험 대상자들은 학생의 학업 효과를 올리기 위해서는 체벌이 필요하다는 교수의 미끼에 걸려든 셈이었다. 전기 충격은 단추를 누를 때마다 가해졌고 최고 450볼트까지 높일 수 있었다. 학생 역할을 맡은 배우는 실제로 전기 충격을 받은 것처럼 점점 더 고통스러운 표정을 지었다. 교수 역할을 맡은 배우는 실험 대상자에게 전기 충격의 횟수와 강도를 높이도록 계속 요구했다. 놀라운 일은 학생의 고통 양상이 극에 달한 상황에 이를 때까지 실험 대상자 중 교수의 요구에 저항한 사람이 지극히 일부에 지나지 않았다는 점이다. 실험 대상자들의 대부분은 전문가의 외양인 흰 가운을 걸친 교수의 권위에 복종한 것이다. 이 실험 뒤에 밀그램이 내린 결론은 이랬다. 미국의 모든 도시가 집단수용소의 경비병 역할을 할 사람들로 넘쳐난다는 것, 평소 선한 표정을 가진 보통 사람들도 권위에 복종하여 누구인지도 모르는 타자를 고문하는 데 동참한다는 것이다.

이미 미국인이 된 한국의 지배 세력은 애당초 자유인과는 인연이 없다. 성찰 이성이 성숙하지 못해 가난한 사람을 사람 취급하지 않는 사람에게 밀그램의 실험으로 드러난 권위에 복종하는 인간의 속성을 결합해보자. 가난하다는 이유로 또는 사상이나 종교, 성적 정체성과 출생지가 나와 다르다는 이유로 차별, 억압, 배제하도록 권위의 지배자가 요구한다면, 상징폭력을 당하는 우리는 어떻게 행동할까? 게다가 그 요구에 따라야만 나의 이해관계에 좋은 영향을 미친다면? '회의하는 자아'가 아니어서 의문을 품을 줄 모르는 내가 괴물이 되지 않으리라는 보장은 전혀 없다.

세계화와   20 : 80

20 대 80, 즉 상위 20퍼센트의 사람들이 전체 부의 80퍼센트를 소유하고 80퍼센트나 되는 사람들이 전체 부의 20퍼센트밖에 소유하지 못하는 양극화 현상을 수치로 표현한 것은 독일의 두 저널리스트가 1997년에 펴낸 『세계화의 덫』이 처음이다. 당시 한국에도 불어닥쳤던 세계화의 물결은 전 지구를 하나의 시장으로 통합하면서 지구촌의 모든 사람들을 경쟁의 도가니로 몰아넣었다. 약육강식이 관철되는 세계에서 금융자본과 다국적 자본들, 강대국의 정치인들은 지구촌을 승리를 구가하는 20퍼센트와 패배하여 비참한 삶에 떨어진 80퍼센트로

극명하게 나눠 정초시켰다. 가령 유럽연합 인구의 평균소득은 아프리카 대륙 인구의 평균소득의 27배에 이른다. 지구촌에는 아직 세계 정부가 없고 세계 대통령을 뽑지 않는다. 국제연합 (UN)이 있다고 하지만, 미국을 비롯한 강대국들의 힘이 제어되는 곳이 결코 아니다. 세계화 자체가 강대국의 요구에 의한 것이었다. 지금으로선 세계화된 세계가 20 대 80으로 정립되는 것을 막을 길이 없다. 그렇다면, 투표로 대통령과 국회의원 등을 뽑는 민주주의 국가에서 20 대 80의 양극화가 지속되는 이유는 무엇일까?

여기 어렵지 않은 질문이 있다. 민주주의 국가에서 어떻게 '20'이 계속 '80'을 지배할 수 있을까? 지금은 19세기가 아니다. '20'에 속하는 사람들이 투표권을 여러 개 갖고 있지 않고, '80'에 속한 사람에게 투표권이 없지 않다. 민주정치(democracy)의 어원, '데모스 크라토스(demos cratos)'가 '다중 지배'를 뜻하니, 논리상 '80'이 지배해야 마땅하다. 민주정치 제도는 '80'에게 20 대 80으로 양극화된 사회를 가령 30 대 70의 사회로 바꿀 수 있는 정치적 힘을 주고 있는 게 분명하다. 30 대 70의 사회, 즉 상위 30퍼센트의 사람들이 전체 부의 70퍼센트를 장악한 사회는 20 대 80의 사회에 비해 훨씬 자유롭고 평등하고 온유한 사회가 될 수 있다. 실제로 지구촌에서 가장 살기 좋은 나라라는 평을 듣는 덴마크, 노르웨이, 스웨덴 등 북유럽 국가들은 강력한 분배, 재분배 정책이 자리 잡혀 30 대 70의 사회에 가깝다. 민주주의 국가인 한국도 그런 사회가 될 수 있다. 그러나 20 대 80에서 30 대 70의 사회로 가는 게 아니라, 반대 방향인 15 대 85 또는 10 대 90의 사회로 가는 추세다. 유럽에서도 노동자와 서민들에게 투표권을 허용한 게 19세기 후반의 일인데, 급진적인 분석가들은 당시 지배 세력이 노동자와 서민들에게 투표권을 준 것은 이미 그들의 의식을 통제할 수 있다고 믿었기 때문이라고 말하기도 한다. 그들도 실질적 민주주의로 진전되기까지 오랜 세월이 걸렸고 그동안 부침이 있었다는 걸 짐작케 한다. 우리의 과제는 그 시간을 최대한 줄이고 반동의 여지가 없도록 실질적 민주주의를 성숙시키고 안착시키는 데 있을 것이다.

어느 정당에
표를
주어왔나요?

나는 노동자나 주민들의 투쟁 현장에서 자주 질문을 던진다. "지금까지 어느 정당에 표를 주어왔나요?"라고. 해군기지 반대 투쟁을 벌였던 제주 강정에서도, 765킬로볼트 송전탑 반대 싸움을 벌였던 밀양에서도 이 질문을 던졌다. "어느 정당에 표를 주어왔나요?"라고. 불손하다고 느낄 만한 질문이어서 겉으로 드러내지 못하고 속으로 던졌다. 노동자들의 파업 투쟁 현장에서도, 고공 농성 현장에서도 묻는다. "어느 정당에 표를 주어왔나요?"라고. 세월호 참사와 가습기 참사 등 정치권력의 무능력, 무책임에 의해 고통과 불행을 겪은 분들에게도 불경한 질문인 줄 알지만 묻는다. "그동안 어느 정당에 표를 주어왔나요?"라고. 그러고 나서, 다음 질문들을 이어간다. "당신들의 투쟁에 연대하려고 달려오는 사람들은 주로 누구인가요? 당신이 그동안 표를 준 사람들인가요?" "당신이 표를 주어왔던 사람은 거들떠보지도 않은 반면, 그동안 관심이 없거나 부정적으로 생각했던 정당이나 시민사회단체, 또는 노동조합 사람들이 주로 찾아오지 않던가요?" "이 일방통행에 관해 곰곰이 생각해보신 적이 있나요?"

요컨대, 노동자이고 서민인 내가 지금까지처럼 지배 세력을 계속 지지하고 표를 준다는 것은 내일 내가 부당하고 억울한 일을 당했을 때 나의 호소를 들어주는 대신 오히려 나를 억압하고 배척할 수 있는 세력에 힘을 실어주는 행위임을 알아야 한다는 것이다.

청년들에게는 투표하는지부터 묻는다. 정치가 혐오스럽고 관심이 없어서 투표하지 않는다는 청년에겐 이렇게 말한다. "그러면 혐오스러운 정치는 누가 바꿔주나요? 당신이 정치에 관심을 보이지 않고 투표조차 하지 않으면 혐오스러운 정치인들이 정치를 계속 독점적으로 장악할 것이고 그러면 정치는 앞으로도 계속 혐오스러운 모습 그대로일 텐데요?"

유럽인들과 달리, 우리는 투표권을 획득하기 위해 싸운 역사적 경험이 없다. 유럽에서도 19세기 후반까지는 노동자와 소농에겐 투표권이 없었고 부르주아와 지주들만 투표권을 행사했다. 그랑 부르주아는 심지어 투표권을 여러 장 갖기도 했다. 당시 프롤레타리아들이 투표권을 얻기 위해 싸워야 했던 것은 두말할 나위가 없다. 그렇게 싸워서 획득한 투표권은 소중하게 여길 수 있다. 우리가 투표권을 소중하게 여기지 않는 것은 그렇게 싸운 역사적 경험이 없기 때문이기도 하다. 그래서 더욱 청년들에게 묻는다. "투표했나요?"라고.

내가 이처럼 집요하게 질문을 던지는 이유는 단순 명료하다. 이 땅의 지배 세력이 국민의 절대다수를 무시하면서도 계속 지배할 수 있는 힘의 원천이 무엇인지 묻고 그들에게 절대적으로 유리하게 되어 있는 '기울어진 운동장'에 근본적인 변화를 가져오지 않는 한, 앞으로도 강정과 밀양의 분통함, 세월호와 가습기 참사의 참담함, 굴종과 복종을 강요당하는 노동자들의 고통과 불행은 사라지지 않을 것이기 때문이다. 또 장래를 설계하기 어려운 청년들의 삶도 좀처럼 바뀌지 않을 것이기 때문이다.

"귀족에겐 그에 상응하는 책임이 따른다"는 뜻을 가진 노블레스 오블리주가 사회에 자리 잡는 것은 노블레스들이 "그렇게 하지 않으면 지배할 수 없을 때" 비로소 가능하다. 마찬가지로 실질적 민주화 역시 지배 세력이 "그렇게 하지 않으면 지배하기 어려울 때" 그 가능성이 열린다. 노블레스 오블리주든 실질적 민주화든 오늘 한국의 지배 세력에게서 기대하기 어려운 것은 그렇게 하지 않아도 계속 지배할 수 있게 하는 정치적 힘이 있기 때문이다. 서글픈 진실은 그 힘의 적지 않은 부분이, 그들에게 권력도 부도 없는 자라고 개돼지처럼 무시당하고 앞으로도 무시당할 노동자와 서민들에게서 나온다는 점이다. 선거철에 그들이 허리를 굽힌다고 착각하면 안 된다. 일찍이 루소는 "영국인들은 4년에 하루만 자유롭다"고 갈파했다. 투표일에만 자유롭다는 것이다.

우리가 4년에 하루만 자유를 누리는 게 아니라 온전히 자유를 누리려면 무엇을 해야 할까? 이를 위해 우리의 존재와 의식 사이에 어떤 문제가 있는지 다시 정리해보기로 하자.

우선 계급배반의 문제가 심각하다. 중산층보다 서민층이나 빈곤층이 더 배반한다. 처지(존재)는 '80'에 속하지만 '20' 편을 열심히 들어준다. 또 '80'에 속하는 사람들의 분열이 작용한다. 영남패권주의가 작동하고 정규직/비정규직으로 분열되어 있다. 여혐/남혐으로도 분열되어 있다. 또 '20'의 적극성에 비하여 '80'의 소극성도 문제다. '20'은 이미 좋은 자신의 처지를 더 좋게 하려는 노력을 적극적으로 펼치지만, '80'은 정치에 소극적이거나 탈정치화되어 무관심하다. 또 '80'은 실현이 거의 불가능한 미래의 기대치로 오늘의 나를 배반한다. 지금은 '80'에 속하는 모든 사람들이 언젠가 '20'에 속하게 되리라는 욕망을 갖고 있어서 미리부터 '20' 편을 드는 것이다. 돈 많이 버는 꿈을 가진 장사하는 사람들, 로또를 사는 사람들이 여기에 포함된다. 이렇게 대다수 사회 구성원들이 생각과 욕망을 지배

당하기 때문에 실질적 민주주의로 나아가지 못하는 것이다.

미셸 팽송과 모니크 팽송-샤를로 부부는 『만화로 읽는 부자들의 사회학』에서 "부자들을 본보기로 삼아야 한다"고 말하며 이렇게 썼다. "오늘날 사회는 개인주의와 경쟁을 부추기는데 노동자계급이 이 함정에 빠져 연대의식을 상실해가고 있을 때, 부자들은 오히려 자기들의 이익을 위해 똘똘 뭉쳐 연대의식을 고취하고 같은 처지에 있거나 같은 생각을 가진 사람들을 조직적으로 동원한다." 외환위기 이후 노동이 포섭과 배제, 정규직과 비정규직으로 분할되면서 적대의 경계를 이루게 된 오늘 한국 노동계의 상황에 비추어 뼈아프게 다가오는 말이다.

우리에겐 내 부모처럼 나도 노동자이고 내 자식도 노동자가 되리라는 계급의식을 가진 노동자 주력부대가 정치적으로 형성되어 있지 않다. 이 점은 1848년 2월혁명으로 구체제(앙시앵 레짐)가 그 체제의 지배 계급이었던 귀족들과 함께 역사의 뒤안길로 사라지면서 유산자 계급과 무산자 계급이 확연히 분리된 뒤 자본주의 체제 아래 계급 갈등의 역사 과정을 밟은 프랑스와 다른 점이다. 그래서 노동자의식을 가진 노동자는 무척 드물다. 정리해고와 같은 부당하고 억울한 일을 겪고 그에 맞서 싸운 경험이 없이는 노동자로서의 자기 정체성을 인식하기 어렵고 노동자와 노동자 사이의 연대의식도 기대하기 어렵다.

노동자와 서민 계급은 미래에 대한 불안 때문에도 자식을 학교에 보내지만 자식이 학교에서 형성하는 의식은 계급의식 은커녕 기초적인 사회 비판 의식과도 거리가 멀다. 자본주의 사회에 살고 있음에도 초·중·고 사회 교과 시간에 자본주의를 제대로 배우지 않는 것에 대해 의문을 제기할 줄 아는 비판적 사회 인식 대신 상징폭력을 통해 자발적 복종을 이끌어내는 교육이 이루어지는 곳이 학교다. 가령 지하철 노조의 파업노동자들에게 뭇매를 가하는 시민들의 반노조의식은 어디서 주입되고 형성된 것일까. 그 시민들 또한 노동자일 가능성이 높은데 자기와 같은 처지의 노동자에게 연대의식은커녕 적의를 품고 있다. 1980~1990년대 이른바 '운동권'의 착각과 달리, 의식화는 본디 지배 세력의 전유물이었다. 일제강점기 이래 학교는 학생에게 인간과 사회에 관해 자기 생각을 갖도록 하는 대신, 지배 세력이 선택한 생각을 주입받아 획일적으로 암기하는 경쟁의 장이었다. 인간과 사회에 관한 지배 세력의 이념을 얼마나 잘 숙지했는지에 따라 공부를 잘하는지 아닌지가 결정되었다. 과거에 이 경쟁에서 선택된 자가 일본 지배 세력의 마름이 되었다면, 오늘날엔 전문가라는 이름을 가진, 주로 자본의 이익에 복무하는 집사가 된다.

독일의
보이텔스바흐 합의

앞에서 말했듯이 우리의 학교는 지배 세력의 이념을 교육하는 곳이기에 교사들에게 공무원들과 마찬가지로 정치적 시민권을 주지 않는다. '정치적 중립'이라는 말은 우리 사회에서 현실이라는 말만큼이나 억압적이다. 정치적 중립을 지키라고 요구할 때, 누구 또는 무엇을 기준으로 중립을 요구하는 것인지 물을 줄 알아야 한다. 그 기준은 말할 것도 없이 권력이다. 따라서 중립을 지킨다는 것은 권력의 요구에 따르라는 것으로, 그 대부분은 요령을 체득한 비겁함의 다른 이름이다. 현실적인 힘의 작용 앞에서 적절히 보신하면서 명분을 챙기는 태도에 가깝고 그것은 자유인의 대척점에 있다. 교사들 중에는 학생인권이 교권과 충돌한다고 말하는 이도 있다. 하지만 교권과 학생인권은 제로섬게임의 관계가 아니며, 우리 근대 교육이 군국주의 일제 강점기에 뿌리내린 역사를 인식하지 못한 데서 온 단견에 지나지 않는다. 교사들이 자기 일터인 학교에서 주인 되기를 바랄 때, 먼저 해야 할 일은 권위적·관료적 공간으로 남아 있는 학교를 민주적 공간이 되도록 하는 일로서 학생인권 신장과 같은 선상에 있다. 내가 존중받을 때 남을 존중하게 되듯이, 내가 복종할 때 남에게도 복종을 요구하는 법이다. 억압에 맞서기보다 복종을 내면화한 교사일수록 교권을 앞세워 학생들에게 복종을 강요하는 게 아닌지 되돌아봐야 한다.

교사라면 응당 정치적 시민권을 획득하기 위해 싸워야 마땅할 것이다. 이유는 간단하다. 교사도 정치적 동물인 사람이기 때문이다. 또 정치적 시민권이 없는 교사가 학생들을 주체적인 민주시민으로 육성할 수 없기 때문이다. 이 점에서 나는 교사들은 물론 교육의 모든 주체들에게 1976년 독일에서 '정치교육에 대한 방향'을 주제로 좌우 정치교육학자가 토론한 후에 정립한 보이텔스바흐 합의를 살펴보기를 두 손 모아 권한다. 독일인들은 학생들에 대한 정치교육과 관련하여 다음 세 가지 원칙에 합의했다.

첫째, 교화 금지 – 학생들에게 지식이나 이념의 주입과 같은 강제적

교육을 금지한다,

둘째, 논쟁성 유지 - 학문과 정치에서 논쟁이 되는 것은 수업 속에서도 논쟁성을 유지해야 한다.

셋째, 이해관계 인지 - 학생들이 스스로 자신의 정치적 상황과 이해관계에 따른 정치적 안목을 기르고, 자신의 정치적 이익에 부합하는 정치 참여 역량을 기르게 한다.

잠시 바보 같았던 내 모습을 솔직히 드러내자면, 나는 이 원칙의 내용을 하나하나 읽으면서 눈물이 복받쳐 오르는 걸 제어할 수 없었다. 첫째, '교화 금지'는 학생들에게 지배 이념을 강제로 주입하는 것을 금지한다는 것이다. 나에게 그것은 존재를 배반하는 의식화 금지다. 둘째, '논쟁성 유지'는 나에게 정치적 동물인 학생들의 사유세계에 자유의 날개를 달아준다는 의미로 다가왔다. 그리고 셋째 '이해관계 인지'는 학생들이 자신의 정체성을 바탕으로 정치적 견해를 가질 수 있으며 정치에 적극적으로 참여한다는 의미였다.

우리 학교는 독일 학교의 완벽한 대척점에 있다. 첫째, '교화 금지'와 정반대로 존재를 배반하는 의식화가 강력하게 이루어지며, 둘째, '논쟁성 유지'와 정반대로 중립을 지키라는 그럴 듯한 주장으로 권력이 요구하는 것 이외에는 침묵을 강요하며, 셋째, '이해관계 인지' 역시 정반대로 학생들의 정체성은 철저히 무시한 채 객관적 사실만 숙지할 것을 요구함으로써 학생들이 정치적 견해를 갖거나 정치에 참여하도록 이끌기보다는 탈정치화로 이끈다.

몇 년 전에 전교조 조합원인 사회 교과 교사들이 노동과 노동자에 관해 고등학생들이 어떻게 생각하는지를 조사했다. 학생들은 노동을 "하지 않을수록 좋은 것"의 첫째로 꼽았고, 나중에 노동자가 되리라고 전망한 학생은 단지 5퍼센트에 불과했다. 자본주의 사회에서 절대다수 학생들은 노동자가 될 터인데, 노동에 대해 하지 않을수록 좋은 것이라고 말하고 단지 5퍼센트만이 노동자가 되리라고 예상하는 학생들… 이미 존재를 배반하는 의식의 소유자들인 것이다! 대다수 학생들이 '조물주 위 건물주'를 희망하고 있다. '노동 없는 부'가 왜 문제가 되는지 묻기는커녕 그것을 지향한다. '일베' 현상은, 효율과 경쟁의 이름으로 탐욕까지 가치화한 적자생존의 사회에서 노동의 가치에 대한 인식, 예비 노동자로서 가질 수 있는 자존감이 전무한 학생들이 욕망을 마음껏 실현할 수 없는 데서 느끼는 박탈감과 일탈된 인정 욕구가 결합되어 나타난 괴물적 현상이다.

대란 선동

학교와 사회 환경에서 존재를 배반하는 의식을 형성한 사회 구성원들은 미디어를 통해 그 의식을 끊임없이 단단하게 다진다. 가령 사회 불의와 강요된 굴종을 견디다 못해 노동자들이 파업을 벌인 상황을 상정해보자. 정론을 펴는 신문이라면 독자들에게 겉으로 드러나는 파도(현상)만 보게 하지 않고 그 파도를 일으키는 구조(본질)를 파악하게 하려고 노력할 것이다. 무엇보다 파업의 원인을 알려야 한다. 하지만 '조중동'과 경제신문들은 하나같이 결과만을 부각하여 '대란' 선동을 벌인다. 화물 노동자들이 파업을 하면 '물류대란', 지하철이나 기차 노동자, 버스 노동자들이 파업하면 '교통대란', 학교 급식 노동자들이 파업하면 '급식대란'이라고 대서특필한다. 불안, 공포 마케팅이다. 한국의 수구 언론과 경제신문들에 따르면 세계에서 한국만큼 '큰 난리'를 많이 겪는 나라가 없다.

우리에게 자유의 반대는 억압이 아니라 불안이다. 앞 장에서 설명했듯이, 지배 세력은 자유 진영, 자유세계를 지킨다는 명목으로 몸의 자유를 비롯하여 인간의 기본권을 짓밟았는데, 이를 관철하기 위해 북한에 대한 '공포'와 '불안' 의식을 주입했다. 자유를 지키는 게 안보이니, 자유의 반대는 억압이 아니라 불안이 된 것이다. 수구 언론이 대란 선동을 벌이는 목적은 사회 구성원들의 DNA가 된 안보·질서의식을 건드려 파업노동자들을 반대하고 비난하도록 이끌기 위함이다.

'세금 폭탄'도 수구 언론들이 즐겨 쓰는 단골 메뉴다. 정부가 세금을 조금이라도 올리려고 하면 여지없이 세금 폭탄을 1면에 크게 배치한다. 한국의 조세부담률은 GDP 대비 26퍼센트 정도이고, 그중 교육과 건강 등 사회복지 예산은 12퍼센트 수준으로 30퍼센트를 넘는 북유럽이나 프랑스 같은 나라의 절반도 되지 않는다. 생존 조건의 기본 토대인 주택 문제를 보면, 한국에 주택정책은 없다시피 하고 부동산정책이 주를 이룬다. 이처럼 낮은 조세부담률로 복지는 OECD에서 멕시코와 꼴찌를 다투고 있다. 이런 현실이 세계 최저의 출생률과 무관하지 않은데 그들은 걸핏하면 '세금 폭탄'을 떠들어댄다. 사람들의 불안 심리를 자극하기 위해 '폭탄'이라는 전쟁 용어를 선택했다는 점은 두말할 필요가 없다.

수구 세력이 질서나 안보를 강조하는 것은 당연하다. 그들이 누리는 기득권이 흔들려서는 안 되기 때문이다. 질서, 안보를 강조하는 지배 이념에는 사회 변화를 바라지 않거나 두려워하는 의식이 깔려 있다. 따라서 노동자, 농민과 빈민이 그러한 지배 이념에서 벗어나지 못하면 그들의 처지는 개선되지 못하고 온존된다. 실상 한국의 대중은 '질서에 대한 무의식의 복종'이라는 덫에서 자유롭지 못하다. 분단체제 아래 어린 시절부터 질서 이념을 끊임없이 주입받고 단단히 다져온 데다 인간에게는 안정을 추구하는 본능적 경향이 있기 때문이다.

노동,
노동자의 지위

빅토르 위고의 『레 미제라블』을 소설로 읽거나 영화로 본 사람은 코제트의 어머니 팡틴이 공장에서 구슬 꿰는 노동을 하는 장면을 기억할 것이다. 그녀는 하루에 몇 시간 일했을까? 내 기억이 옳다면, 저자는 소설에서 당시(1823년의 일로 그려져 있다) 노동자들이 하루 몇 시간 일했는지 밝히지 않았다. 소설에도 영화에도 파리 시민들이 바리케이드를 치고 싸우는 장면이 나온다. '미완의 혁명'이라고 불리는 1830년 '7월혁명' 2년 뒤인 1832년의 상황을 그리고 있다. 이때는 실제 프랑스 역사에서 '카노의 반란'이라고 불리는, 리옹 지역 견직 노동자들이 폭동을 일으켰던 시기와 만난다. 당시 파리의 중앙정부는 2만 명의 군대를 파견해 노동자들의 반란을 진압했는데 그때까지 새벽 5시부터 저녁 9시까지 하루 16시간이었던 노동시간이 진압된 후 14시간으로 줄었다는 기록으로 보건대, 코제트의 엄마 팡틴의 하루 노동시간도 14~16시간으로 추정할 수 있다. 잠시 생각해보자. 새벽 5시부터 저녁 9시까지의 노동시간에 대해! 팡틴은 그 일자리에서조차 간단히 쫓겨나 인생의 막장까지 추락한 뒤 슬픈 삶을 마감한다. 그녀를 지켜줄 노동조합도 없었고 노동계약서도 없었다.

1886년 5월 1일, 미국 시카고의 노동자들은 하루 '8시간' 노동제를 주창하며 시위에 나섰다. 하루에 보통 12시간, 적어도 10시간씩 일해야 했던 그들은 하루 24시간을 3으로 나누어 8시간은 잠자고, 8시간은 빵, 즉 일용할 양식을 위해 일하고, 나머지 8시간은 장미, 즉 자아실현을 위한 자유시간을 갖기를 바랐다. 미국 경찰은 시위대를 향해 발포하여 사상자를 냈고 폭발물 사고를 빙자해서 노동운동 지도자들에게 내란죄를 적용하여 사형을 선고하고 집행했다. 5월 1일, 전 세계의 노동자들이 노동자의 생일로 기념하는 노동절은 그렇게 시작되었다.

오랫동안 노동자들의 처지는 입에 풀칠하기 위해 굴종하면서 장시간 일해야 하는, 그야말로 "벌거벗은 생명"과 같았다. 그 이후 노동자들은 하루 8시간 근무가 정착되기까지 100년 이상의 시간을 기다려야 했고, 자본가에게 불평등한 노사계약을 통해 그나마 인간다운 자리를 획득할 수 있었다. 정규직이 비정규직과 가장 중요하게 다른 점은 무엇일까? 노동자는 아무 때나 노동계약을 해지할 수 있어서 일자리를 옮길 권리가 있지만, 사용자는 그럴 권리가 없어서 해고할 수 없는 노동자가 정규직 노동자다. 8시간 노동과 마찬가지로, 이 정규직 또한 정착되기까지 1세기 이상 노동자들이 피와 눈물을 흘려야 했다. 만약 내가 노동자라면, 그래서 육체적 품을 팔건 정신적 품을 팔건 품을 팔아 생존을 영위하고, 하루 14~16시간이 아닌 8시간 기준으로 일하고 일자리에서 쫓겨날 위험 없이 나와 내 가족의 삶을 나름대로 설계할 수 있다면, 여기까지 오는 동안 세계의 선배 노동자들이 어떻게 싸워왔는지 잠시라도 돌이켜볼 줄 알아야 한다. 그리하여 노동조합이 왜 중요한지, 단결이 왜 노동자에게 가장 절실한 언어가 되었는지 알아야 한다. 자본주의 사회에서 노동자는 돈도 없고 권력도 없다. 자본과의 역학 관계에서 노동자들이 힘을 갖는 길은 하나로 뭉치는 것뿐이었고, 그것만이 굴종하지 않고 자유로운 인간으로 설 수 있게 해준 유일한 길이었다.

"그러면 60만이 넘는 민주노총 조합원들은 삼성 제품을 보이콧하지 않나요?"

프랑스 쉬드(S.U.D.: 연대-단결-민주) 노조에서 일하는 여성 활동가는 대뜸 이렇게 물었다. 1999년이었나, 아직 프랑스에 머물고 있을 때, 유럽 몇 나라의 노총을 방문한 길에 파리에 온 민주노총 활동가가 "역대 정권의 반노동 정책과 제1기업인 삼성 재벌의 온갖 탈법을 통한 '무노조 원칙' 관철 등의 어려운 노동환경 속에서도 60만여 조합원이 민주노총의 깃발 아래 모였다"는 내용의 말을 했을 때였다. 자랑스럽다는 듯 자못 호기롭게 말했던 민주노총 활동가는 그녀의 조건반사적인 질문 앞에서 아무 대꾸도 할 수 없었다. 그 자리에 동석했던 나도 묵묵부답이긴 마찬가지였다. 잠시 열패감 같은 게 무겁게 지나갔다.

귀국하면서 곧 진보정당 당원이 되고 한겨레신문사에 근무하는 동안 노동조합원으로 남아 있던 게 당연한 일이었던 것처럼, 지금까지 삼성 제품과 인연을 맺지 않으려 노력하는 게 당연한 일이 된 것은 그때 "민주노총 조합원들은 삼성 제품을 보이콧하지 않나요?"라고 물었던 그녀의 모습이 20년 세월이 지난 지금까지 뇌리를 떠나지 않기 때문이기도 하다. 노동자를 무시하고 노동조합을 부정하는 재벌 기업을 용인한다는 것은 노동조합원에겐 자신을 부정하는 행위다. 자유인을 지향하는 노동자로서 자존감이 있다면 누구 말대로 "눈에 흙이 들어가지 않는 한" 받아들일 수 없다. 이 간단한 이치가 한국에서는 유별난 일에 속한다. 황상기 씨가 "삼성에 노조가 있었다면 내 딸 유미는 죽지 않았을 겁니다"라고 말했을 때, 나는 고개를 들 수가 없었다.

앙드레 고르가 이미 1980년에 『프롤레타리아여 안녕』에서 지적했듯이, 노동(자)의 지위는 자동화, 정보화, 인공두뇌로 무장한 기계 앞에서 일자리를 잃고, 또 기계에 비해 주변화, 종속화되는 자리로 밀려나는 이중으로 어려운 환경에 처하게 되었다. 마르크스는 일찍이 숙련노동이 그나마 자본에 맞설 수 있는 노동의 힘이라고 했는데, 자동화와 정보화는 그런 숙련노동의 지위를 여지없이 박탈했다. 앙드레 고르는 완전고용이나 숙련노동이 빠르고 정교한 기계에게 밀려날 때 "지배 지위에 있는 사람들은 … 노동자들이 다른 경제적 합리성을 위해 함께 투쟁하는 대신 아주 희소한 일자리를 놓고 자신들끼리 다투게끔 만들 것이다. 실제로 실업은 단지 세계적 위기의 결과인 것만이 아니다. 또한 그것은 기업 내에 복종과 규율을 정립할 수 있게 하는 무기다"라고 경고했는데, 그의 경고는 그대로 우리의 현실이 되었다.

노 동 의

분 할

새로운 노동 사회 환경 앞에서 유럽의 전통 좌파 정치 세력은 "노동자들이 다른 경제적 합리성을 위해 함께 투쟁하"도록 이끄는 정치 대신 권력과 지배의 길을 택했다. 기계가 대신 일하기 때문에 강제된 노동에서 해방된 인간에게 새로운 가능성으로 다가온 기존 사회체제의 근본 변화를 두려워했던 것은 보수 세력만의 일이 아니었다. 특히 현실 사회주의 국가들이 무너져 이념 지향을 왼쪽으로 끌어당겼던 외부의 힘마저 사라지자, 그들은 득표를 위해 거리낌 없이 중도를 지향했다. 중도로 갈수록 득표 범위가 넓어지기 때문이다. 우파는 우파대로 중도를 지향하여 좌우 구분이 불분명해지는 중도 수렴 현상이 나타났다. 권력 장악이 목표임을 솔직히 드러내는 대신 새로운 이념을 표방했다. 영국 신노동당의 '제3의 길'이 그것이었고, 독일 사민당의 신중도(Neue Mitte), 프랑스 사회당 내 우파의 사회적 자유주의가 또한 그것이었다. 이들의 공통점은 신자유주의를 입으로는 비판하면서 실제로는 수용한다는 점이다. 경쟁과 효율만을 중시하는 신자유주의가 사회 양극화와 불평등을 가져올 수밖에 없고, 정치의 영역은 그것들을 완화하는 일로 축소된다. 그들이 정치권력을 장악하려고 할 때 쓰는 유일한 논거가 그것뿐이므로 신자유주의를 계속 수용하게 되는 것이다. 이렇게 타락한 정치에 배반당한 하층 노동자들과 서민들을 공략한 정치 세력이 프랑스의 국민전선과 같은 극우 세력이다. 시리아와 이라크 등 중동과 아프리카에서 난민이 대량 유입되면서 유럽의 극우 세력이 성장세를 구가하고 있다는 것은 잘 알려진 일이다.

100년 이상 세계의 노동자들이 외쳤던 "노동자는 하나다!"라는 외침은 세계 곳곳에서, 특히 한국 땅에서는 20세기 말부터 속절없이 무너졌다. 노동의 분할이 거세게 이루어진 것이다. 노동운동가 박점규가 『노동여지도』에서 말했듯이, "흑백필름 시절 모두 같이 공돌이였던 울산의 노동자는 이제 중대형 아파트에 살며 그랜저를 모는 직영 계급, 소형 임대주택에서 아반떼를 타는 하청 계급, 이 공장 저 공장 떠돌아다니는 아르바이트 계급으로 나뉘었다". 외환위기 직후인 1998년 현대자동차 노동조합은 식당 노동자들을 비정규직화하려는 자본의 요구를 받아들였다. 그 과정을 화면에 담은 영화 〈밥.꽃.양〉이 보여주듯, 노동의 분할은 가장 약한 고리부터 시작되었다. 일단 물꼬가 트이면 전체를 삼키는 데에 많은 시간이 걸리지 않는다.

분할 통제는 본디 로마시대 이래 소수 지배 세력이 다수를 통제하는 가장 유효한 방식의 하나였다. 노동을 '포섭된 자'와 '배제된 자'로 분리해서 이 둘 사이에 적대적 경계를 짓게 하여 통제를 용이하게 하는 것이다. 정규직과 비정규직이 분리되고, 정규직 노동자들이 비정규직 노동자를 자신들의 고용 안정을 위한 완충장치로 인식하게 되었다. 정규직 노조가 비정규직 노동자를 조합원으로 받아들이지 않아 한 사업장 안에서 노조가 따로 조직되었고 둘 사이의 연대를 기대할 수 없게 되었다. 이러한 흐름 속에서 복수노조 허용은 노동자들의 다양한 요구를 반영하기보다 민주노조의 약화를 불러왔다. 노동의 분할을 막지 못한 노동조합이 스스로 분할되는 건 당연한 귀결이었다.

우리는 자본과 권력의 포섭과 소비주의 욕망에 의해 인간의 길에서 스스로 멀어지고 있는 건 아닌지 물어야 한다. 가난을 비관하여 스스로 목숨을 끊은 가족은 기사화되지 않아 사람들의 관심을 끌지 않는 반면에 주가 상승이나 하락은 크게 보도되는 세상이다. 21세기 한국의 '벌거벗은 생명'들은 오늘도 고공 농성을 해야 한다. "나 여기 있소!" 온몸으로 외치지만 관심을 갖고 듣는 사람은 많지 않다. 고공 농성은 1931년 지붕 위에 올라간 평양의 고무공장 노동자 강주룡이 처음 시작했다는데, 하늘이 노동자들의 삶터가 되기 시작한 것은 1997년 경제위기의 칼날이 할퀴고 지나간 뒤 2000년대 들어서였다. 경제위기라고 했지만 타격, 조정된 곳은 경제계가 아니라 노동계였다. 땅에서 쫓겨나기 시작한 노동자들은 도심의 CC 카메라 탑에, 한강 다리 고공 난간에, 타워크레인에, 건물 옥상 망루에, 교통 관제탑과 철탑에, 광고탑과 공장 굴뚝에 이르기까지 올라갈 수 있는 곳이면 어디든 올라 둥지를 틀었다. 그것은 이 땅의 자유의 처지와 같은 것이었다. 김대중, 노무현 정부를 지나 이명박, 박근혜 정부에 이어 문재인 정부가 들어선 뒤에도 사정은 달라지지 않았다.

신자유주의는 "아랫목이 따뜻해야 윗목도 따뜻해진다"는 적하효과를 주장하지만 윗목으로 가는 것은 따뜻함이 아니라 사회적 약자에게 끊임없이 전가되는 고통과 절망이다. 김대중-노무현 정권 시대에 정리해고법, 파견법, 비정규직법이 통과되면서 한국 사회에서 노동의 분할과 배제는 가속화됐다. 그 법들은 진보 또는 좌파라고 자칭, 타칭되는 우파 세력이 앞장섰기에 별다른 저항 없이 관철되었다. 비정규직 '보호'법이 '보호'가 아닌 '양산'을 낳은 실제적 결과 앞에서 '보호'를 강변했던 이들 중 반성하는 기미를 보인 사람을 찾기 어렵다. 지금 여기 펼쳐지는 '비참한 세계'의 고통과 절망 앞에서 응답하지 않는 정치를 정치라고 할 수 없다면, 문재인 정권 아래 지금의 한국 정치도 모리스 블랑쇼가 말한 본질적으로 타락한 정치라고 불러야 한다.

물론 자본 독재가 강화되는 것을 오로지 정부의 책임 방기나 배신의 정치 탓만으로 설명할 수 없다. 자본에 포섭당한 노동을 말하지 않을 수 없기 때문이다. 가장 심각한 것은 민주 노조였던 사업장이 점차 욕망의 포로로 변질되어갔다는 점이다. 사내하청이 불법파견이므로 정규직화해야 한다는 법원 판결이 나왔음에도 현대자동차와 기아자동차 노조는 사내하청 노동자들을 정규직으로 전환하도록 힘쓰는 대신 일부 노동자만을 단계적으로 고용하겠다는 사측의 편법에 부응했다. 조합원 노동자들이 소유 욕망에 빠져 연대 정신을 팔아버린 결과라고 말하지 않을 수 없다. 노동조합이 하청노동자들을 위한 법의 판결도 외면했다. 노동이 노동을 무시하고 배제하면서 자본의 횡포에 관해 무슨 말을 할 수 있겠는가. 심지어 2016년 구의역 김 군이 스크린도어를 수리하다 열차에 치여 숨진 뒤 공채로 서울교통공사에 입사한 무기직 노동자를 기존 정규직 노동자들이 사내 게시판에서 '무기충'이라 부르고 "구걸해서 들어오니까 좋으냐" "지하철역에 노숙자가 많은데 그 사람들도 떼쓰면 다 정규직 해주는 거냐"라고 비아냥대는 데 이르렀다.

신자유주의와
'20'을 위한 정치

한국전쟁과 국가보안법으로 상징되는 분단체제는 한국인들의
정치의식을 오른쪽 끝으로 밀어붙였다. 그리하여, 1946년 당
시 70퍼센트의 사회 구성원들이 지향했던 사회주의의 자리는
거의 무주공산처럼 되었다. 오늘 한국의 원내 정당의 지형은
오른쪽 끝에 극우 세력(자유한국당), 중간에 우파(더불어민주당
등)가 있고, 중도(정의당)가 가장 왼쪽에 자리한다. 2017년 봄
에 나는 캐나다 토론토에 있는 요크대학교 아시아센터의 초청
을 받았다. 진보신당(현 노동당) 대표였던 사람의 자격으로 한
국의 좌파 정당에 관해 발제해달라는 요청을 받고 나는 "분단

체제의 한국에서 진보 좌파 정당은 가능한가?"라는 주제로 발표를 했다. 분단체제 아래에서 진보 진영은 형성되기 어려운데, 진보진영 내에서도 좌파는 다음 세 가지 어려움을 겪는다고 발표했다.

① 분단체제는 계급적 정체성보다 민족적 정체성을 계기로 비판적 사회의식을 갖게 된 사람들이 진보 진영의 다수파를 형성하게 했다.

② 진보는 학습을 계속하지 않으면 진보로 남을 수 없다. 한국 진보 진영의 대부분은 의식화되었다는 지적 우월의식을 가짐으로써, 또는 활동 공간에 동원된 일상 때문에 균형 잡힌 학습을 하지 않았다. 가령 남한에 비해 상대적으로 우위에 있는 북한의 '국가적 주체성'만 주목할 뿐, '시민적 주체성'이 아예 없거나 부족한 문제에 대해서는 외면했다. 이는 권력의지가 반영된 것이 아니라면 학습 부족의 소산이다.

③ 진보 좌파 정당은 진보 진영 안에서 계속 소수로 몰렸고 유력 인사들이 국회 입성을 위해 계속 이탈함으로써 점차 이름만 남게 되었다.

이념상 극우(자유한국당)와 우파(더불어민주당)를 구분하는 것은 국가보안법이고, 우파(및 중도)와 좌파를 구분하는 것이 신자유주의라고 한다면, 우리에겐 신자유주의를 제어할 정치력이 거의 없다. 무엇보다 '80'에 속하는 사람들의 '존재를 배반하는 의식'이 그 뿌리다. 정권이 바뀌어도 세상이 바뀌지 않는 이유이기도 하다. 정권은 바뀔지라도 '20'에 의한 '20'을 위한 정치는 바뀌지 않기 때문이다. 조세정책? 바뀌지 않을 것이다. '20'이 결정하는데, 그들은 '80'과 달리 존재를 배반하는 의식의 소유자가 아니다. 부동산정책? 기본 틀은 바뀌지 않을 것이다. 역시 '20'이 결정하는데, 강남에 아파트를 가진 그들은 존재를 배반하는 의식을 갖고 있지 않다. 교육정책? 좀처럼 바뀌지 않을 것이다. 마찬가지 이유다. 재벌 개혁? 지금까지처럼 앞으로도 계속 말만 무성할 것이다. '20'의 최상층 '1'한테서 빼앗으려면 나머지 '19'도 조금은 내놓아야 하기 때문이다. 노동정책? 역시 바뀌지 않을 것이다. 마르크스가『루이 보나파르트의 브뤼메르 18일』에서 분명히 말했듯이, 한 계급에서 빼앗지 않고는 다른 계급의 요구를 들어줄 수 없는데, '20'이 스스로 빼앗기는 결정을 하지 않을 것이기 때문이다.

문재인 대통령이 취임 후 첫 일정으로 인천공항을 방문해 '공공부문 비정규직 제로 시대'를 역설하고 최저임금을 꽤 높은 수준으로 인상하면서 노동정책 변화에 대한 기대가 있었던 것은 사실이다. 하지만 또 한 번의 신기루였다. 문재인 정권의 최저임금 인상은 대부분의 인상 비용을 재벌 기업이나 부자가 아니라 열악한 처지의 자영업자들한테서 빼앗는 결과를 가져왔고, 역풍이 불자 바로 뒷걸음질을 쳤다. '신자유주의 좌파'라고 스스로 말했던 노무현 정권의 철도청장 아래 KTX 노동자들이 겪었던 일을, 오늘 문재인 정권의 도로공사 사장 아래 톨게이트 노동자들이 판박이로 겪고 있는 것도 우연이 아니다.

'80'에 속하는 '나'들이 촛불을 들었던 2016년 겨울을 잠시 되돌아보자. 그때로부터 4년이 지난 오늘 노동, 부동산, 조세, 재벌, 교육 등 우리 삶에 영향을 미치는 부문에 괄목한 만한 변화나 개혁이 있었는지 물어보자. 극우 세력과 우파 세력은 대북정책에서 차이가 있을 뿐, 신자유주의 기조에서는 차이가 없다. 슬라보예 지젝은 말했다. "우리가 단호하게 거부해야 하는 것은 정치를 모든 긍정적인 기획을 포기하면서 단지 최악의 선택을 피하고 차악을 선택하는 것으로 전락시키는 피해의식에 가득 찬 자유주의적 이데올로기이다."

'달걀로 바위치기'라고 한다. 짱돌을 던져봐야 소용없다는 뜻이겠다. 하지만 낙숫물에 파이지 않는 돌 없고 나무뿌리에 틈을 열지 않는 바위 없다. 우리는 '바위는 확실히 부서진다'는 확실성이 아니라 '바위도 부서질 수 있다'는 가능성에 주목하고 행동해야 한다. 사회적 약자들과 소수자들이 바라는 사회변화는 확실성이 아닌 가능성에 근거해야 한다는 것이다. 강력한 힘을 가진 자본과 국가권력이 사회 변화의 확실성을 용인할 리 없다. 확실성이 아닌 가능성, 그것은 더 좋은 세상이 아닌, 덜 추악한 세상의 가능성이기도 하다. 인간이 아직 전쟁을 벌이고 있지만 좌절에 빠지면 안 되는 것은 이나마 인간적인 세상을 살고 있는 것도 비록 소수이지만 누군가는 비관적 여건과 전망 속에서도 덜 추악한 사회를 끊임없이 모색하고 그에 따라 행동한 결과이기 때문이다. 자유인은 언제나 이렇게 말한다. "우리가 가는 길이 어려운 게 아니라, 어려운 길이므로 우리가 간다."

　우리는 익숙해지는 것에 대해 경각심을 가져야 한다. 톨스토이가 말년에 남긴 문답 중에 "당신에게 가장 소중한 사람은 누구인가?"라는 질문과 "바로 옆의 사람"이라는 답변이 있다. 우리는 소중한 옆의 사람을 계속 소중한 사람으로 대할까? 우리에겐 옆의 소중한 사람이든 좋은 것이든 익숙해지면 이를 소중히 여기기보다는 소홀히 대하면서 다른 사람이나 다른 것을 찾아 두리번거리는 한편, 나쁜 것에 익숙해지면 더 나쁜 것을 저항 없이 받아들이는 경향이 있다. 한국의 학교 교육 현실이 오늘에 이르기까지의 과정도 '나쁜 것 - 익숙해짐 - 더 나쁜 것 - 익숙해짐'이 연속한 결과라고 할 수 있고, 자동차의 왼쪽 바퀴를 다는 비정규직 노동자가 오른쪽 바퀴를 다는 정규직 노동자의 절반 수준의 임금을 받는 것을 당연하게 받아들이는, 노동이 노동을 배반하는 일 또한 그런 익숙해짐이 계속 쌓인 결과라고 할 수 있다. 처음에는 아주 조금 나빠질 뿐인데 익숙해짐을 통해 조금씩 더 나빠져 마침내 돌이킬 수 없을 만큼 나빠지는 그런 방식 말이다.

그런 익숙해짐의 과정에서 무감하여 별일 없이 살거나 한두 마디 부정적인 평가를 내리다가 마침내 냉소와 좌절에 빠지는 게 우리의 모습이라면, 진정한 자유인은 거기에 '회의하는 자아'로 단호히 맞서라고 요구할 것이다.

한국에서 진보는 대부분 형성되는 게 아니라 반전의 계기를 통해 이루어진다. 반전의 계기가 된 부분에서는 진보적이지만 다른 부분에서는 그렇지 못한 경우가 허다하다. 한국 사회의 모순에 관해 균형적 시각을 갖는다는 목표를 설정할 필요가 있다. 우리가 안고 있는 모순은 계급 모순, 분단 모순, 지역 모순, 젠더, 생태 문제 등으로 전 세계에서 가장 복합적이다. 이런 모순들에 대해 한편에 치우치지 않는 균형적 시각을 강조하는 까닭은 이 모순들에 맞서 싸우는 활동가들은 물론 연구자들까지도 자신이 활동하거나 전공하는 분야를 한국 사회가 안고 있는 모순의 중심에 놓고 다른 모순들은 경시하는 경향이 너무 강하기 때문이다. 모순이 워낙 첨예한 탓도 있겠지만, 활동 양태나 주장들도 온유하지 못하고 거칠다. 각자가 자기만의 래디컬을 주장하게 되면 결국 모두 극단주의로 치달을 위험이 있다. 특히 극복 대상보다 경쟁 대상에게 더 적대적인 모습을 보이는 것에는 물적 토대가 워낙 열악하다는 점도 작용하지만 이러한 경향도 결합되어 있다. 우리 모두에게 겸손함이 필요하다. 의지로 회의하는 자아가 되어 나부터 변화하고 성숙하자. 나도 수시로 설득된다는 조건 아래 내 가족과 이웃과 동료를 설득해야 한다. 존재를 배반하는 의식에서 벗어나도록! 일거에 세상을 바꿀 수 있는 묘책은 없다. 다시 강조하건대, 잡초는 없앨 수 없다. 다만 뽑을 수 있을 뿐이다.

제 4 부

난민, 은행장 되다

불안은 인간의 영혼을 잠식한다. 각자가 나를 어떤 존재로 지을 것인가의 자유를 누릴 수 없다. 불안 때문에 그런 생각 자체를 하지 못한다. 이 사회의 지배적인 가치관은 소유에만 관심이 있고 소유물이 무엇이며 얼마나 되는지가 그 사람의 가치를 규정한다. 그래서 더 많이 소유하기 위해 수단과 방법을 가리지 않는다.

인간성을 훼손하는 불안의 문제를 극복하기 위해서도 공적 분배를 통한 보편복지의 확충은 반드시 필요한 것이다. 모든 사회 구성원들이 인간의 존엄성을 지킬 수 있도록 해주는 사회, 그렇게 더불어 사는 사회, 사회적 연대가 살아 있는 사회, 모두가 소박하게 살지언정 최소한의 인간 존엄성만큼은 지켜주는 사회로 가야 하는 것이다. 이런 사회 환경에서 구성원들은 자기 자신의 존재를 가꿀 수 있는 여지가 생긴다.

난민,
왜
하필이면
한국 땅에

멀리 보이는 도시의 불빛은 따뜻하다. 가까이 갈수록 불빛은
점점 밝아지지만 따스함은 점점 사라진다. 거의 모든 불빛에
주인이 있다. 불빛을 보고 찾아온 이방인에게 그 불빛은 가까
이 다가갈수록 차가워진다. 갈 곳 없어 두리번거리던 이방인이
고개를 들어 하늘을 쳐다본다. 초승달이 애잔하다.

　알란 쿠르디˙라는 이름의 세 살 먹은 시리아 출신 어린이
가 터키 해변에서 익사한 채 엎드려 있던 사진을 기억할 것이
다. 그 사진을 보고 맹자가 수오지심과 함께 인간의 으뜸 조건

으로 꼽았던 측은지심을 느꼈을 수 있다. 그렇게 측은지심을 느꼈을 우리들 곁에 알란 쿠르디와 같은 처지의 아이가 살아 있는 몸으로 다가왔을 때 우리는 그 아이를 환대할까? 또 쿠르디의 엄마, 아빠, 아저씨가 우리 곁에 다가올 때 우리는 그들을 환대할까? 빅토르 위고의 『레 미제라블』을 영화나 소설로 만난 사람들은 가브로슈 소년을 가상히 여겼을 수 있다. 하지만 그 아이가 실제로 우리 곁에 다가온다면 우리는 그를 환대할까? 소설에서는 혁명 소년 가브로슈이지만, 우리 곁에서는 다만 불량소년이다. 그래서 "머리(의식)도 중요하지만, 머리보다 가슴(공감 능력)이 더 중요하고, 가슴보다는 발(실천)이 더 중요하다"라고 말하는 것인데, 신자유주의가 유일사상으로 지배하는 한국 사회에서는 가슴이나 발은커녕 머리도 찾기 어려운 실정이다. 박해와 죽음의 위험에서 벗어나고자 피난처를 찾아 한국 땅을 찾아온 난민들을 환대하기는커녕 혐오하는 동시대인들이 너무 많다. 이 땅을 찾아온 난민은 난민이라는 거울을 통해 투사된 우리의 자화상을 드러낸다.

나는 20년 동안 프랑스에서 난민으로 살다가 귀국했다. 귀국한 뒤 한국 땅을 찾아온 난민들의 사연을 만날 때마다 이런 생각을 해왔다.

'난민 처지가 된 것도 실로 불행한 일인데, 운이 없어도 끝까지 운이 없구나. 유럽이나 캐나다가 아닌 한국 땅에 오다니!

난민 인정 비율이 일본과 함께 세계에서 가장 낮아 '난민이 난
민으로 인정받는 게 신의 일'처럼 여겨지는 나라, 외국인에 대
한 국민들의 인식에 'GDP 인종주의'가 강력하게 자리 잡혀 있
는 나라인데 왜 하필이면 세계의 수많은 나라 중에 한국 땅에
왔을까?'

　　우리 땅은 한반도라 불린다. 반도는 대륙과 연결되어 있고
해양으로도 나아갈 수 있다. 지금은 대륙과 끊어져 고립된 섬
과 같다. 이 점은 난민이나 이방인들에 대한 동시대인들의 편
협한 인식과 편견이 주로 분단 이후에 형성된 것임을 시사한
다. 대륙과 끊어진 한국의 지정학적 위치는 세계 난민들의 접
근 가능성을 낮게 한다. 비행기를 이용하지 않고는 올 수 없기
때문이다. 중동이나 아프리카 난민들의 처지에서 보면, 캐나다
같은 나라도 접근 가능성이 낮은 나라에 속한다. 프랑스나 독
일 같은 나라는 아프리카나 중동 출신의 난민들이 비행기 외에
도 배를 타거나 육지를 통해 다가갈 수 있어서 접근 가능성이
높은 편이고 실제로 수많은 난민들이 찾고 있다. 각 나라의 난
민정책은 서로 다르지만, 보편적으로 접근 가능성이 낮은 나라
는 높은 나라에 비해 난민 인정 비율이 높은 편이다. 가령 캐나
다의 난민 인정 비율은 40퍼센트 수준이다. 접근 가능성이 높
은 유럽의 인정 비율도 20퍼센트를 넘는데, 한국은 4퍼센트 정
도다. 유럽이나 캐나다와 달리 신청자 수가 많지 않은데도 그렇

다. 한국은 제네바 협약을 비준했고 위정자들이 걸핏하면 '글로벌 스탠더드'니 '세계화'를 말하지만, 여기에는 자본과 상품, 부자들만 해당될 뿐 가난한 난민과 이주노동자는 관련이 없다.

흔히 한 나라의 인권 현실을 알고자 하면 두 사회계층을 살펴보면 알 수 있다고 말한다. 하나는 이주노동자들이고 다른 하나는 감옥에 갇힌 재소자들이다. 이주노동자들은 내국인들에게서 쉽게 차별의 대상이 될 수 있고, 재소자들은 사람들의 눈에 보이지 않고 죄를 지었으므로 당연히 벌을 받아야 한다는 통념이 작용하기 때문에 인권 사각지대에 놓이기 쉽다. 이 두 계층은 사회에서 가장 낮은 자리에 임하므로 이들의 인권을 끌어올리는 만큼 그 나라의 인권 수준은 높아질 수 있다. 그러나 내국인들의 사회문화적 소양이 낮은 수준에 머물러 있어서 타자와의 관계에서 '비교 우위'를 확인하고 만족해하는 저급한 속성에서 벗어나지 못하면 이주노동자들을 차별, 혐오하기 쉽고 재소자들의 인권 신장에도 관심을 갖지 않는다.

근래 중동과 아프리카에서 주로 발생하는 난민 문제는 제네바 협약 당시(1951년)에 상정했던 것과 비대칭적이다. 오늘날 난민 문제가 국제법상 난제가 된 배경이 여기에 있다. 제네바 협약국은 인종, 종교, 국적, 사회적 신분, 정치적 견해의 차이로 인해 귀국할 경우 박해받을 위험이 있는 외국인에게 피난처를 제공할 의무가 있다. 그런데 세계 체제의 주변부에서 일어나는 전쟁이 다섯 가지 사유에 정확히 들어맞지 않는 난민들을 엄청나게 발생시키고 있다. 전쟁 난민들은 생명을 잃을 위험이 더 크다. 현실 사회주의권이 무너지기 전까지는 미국과 소련 사이의 힘에 의한 견제와 균형으로 비교적 안정적이었던 지역들에서 소련이 해체되고 세계 체제가 재편되는 과정에서 정치사회적 동요가 일어났고 경우에 따라 전쟁으로 치달았다. 유고슬라비아가 그랬으며, 최근의 이라크, 시리아나 예멘도 크게 다르지 않다. 이 전쟁들을 피해 다른 나라에 피난처를 구하는 사람들을 난민으로 받아들일 것인가, 아닌가라는 물음에 제네바 협약이 구속력을 갖기 어렵게 된 것이다. 결국 국가에 따라 난민정책과 실제에 있어서 큰 차이를 보이게 되고, 한 나라에서도 집권 세력이 바뀌면 난민정책도 바뀌는 일이 벌어진다. 이 때 가장 중요한 변수로 작용하는 것은 지도자의 정치철학과 외국인 혐오를 정치적 자양분으로 삼고 있는 극우 세력의 영향력이 얼마나 작용하는가 하는 점이다.

최근 내란 상태에 빠진 시리아는 국민의 절반 가까운 사람들이 난민 처지가 되어 지구를 떠돌고 있다. 그뿐만 아니라 중동과 아프리카 곳곳에서 수많은 난민이 발생하고 있고, 유럽 대륙은 중동 지역과 아프리카에서 밀려오는 난민 문제로 몸살을 앓고 있다. 레바논이나 요르단 같은 나라는 시리아 등 이웃 나라에서 밀려들어 온 난민의 숫자가 내국인 수의 25퍼센트에 육박하기도 하고(레바논), 독일의 경우 2015년 9월 한 달 동안에만 28만 명의 시리아 난민이 들어왔을 정도다. 독일의 앙겔라 메르켈 총리는 우파 정치인이지만 유럽연합이 중동과 아프리카 출신 난민들을 적극적으로 받아들여야 한다고 주장했다. 그리스 경제위기와 관련하여 그리스인들에게 감당하기 어려울 정도로 긴축을 강요했던 메르켈 총리인데, 난민들에게 관대한 정치철학을 보이는 데에는 나치를 피해 다른 나라에 망명해야 했던 독일의 과거사에 대한 반성적 성찰이 작용했을 것이다. 2차대전 이후 제네바에서 난민협약을 맺었던 것도 나치 독일을 피해 다른 나라로 망명했던 독일인들의 권리를 보장하는 국제법상의 규정이 미비했던 점이 작용했다. 독일의 저명한 지식인 위르겐 하버마스가 〈르 몽드〉에 기고한 글에서 "난민에게 기본권이 있다"고 강조한 것도 이러한 역사를 재인식시키려는 것이었다. 독일 국내 극우 세력의 반대뿐 아니라 소속 기독교민주당의 반대도 무릅쓰고 100만 명 이상의 난민을 받아들인 앙겔라 메르켈의 담대한 정치철학은 물론, 그런 지도자의 결단을 결국 수용한 독일인들의 수준도 놀랍다고 말하지 않을 수 없다. 상상해보자. 8,300만 인구의 독일이 100만 명의 난민을 받아들인 것은 비율로 따지면 5,000만 인구의 한국이 60만 명 넘는 난민을 받아들인 것과 같다. 아무리 독일이 역사와 문화적 배경, 경제적 여건이 우리와 많이 다르다고 하더라도 경이로운 일 아닌가. 그 독일은 "나치 범죄에 대한 사죄와 반성에는 끝이 없다"고 말하는 독일이기도 하다.

외교부 : 법무부

내가 난민 자격 심사를 받았던 곳은 프랑스 외무부 산하 '난민 및 무국적자 프랑스 보호실(OFPRA)'이다. '보호(protection)'라는 말이 들어 있다. 한국은 법무부 산하 출입국·외국인 정책본부에서 심사한다. 한국은 이주민과 난민정책에 있어서 재일조선인을 대하는 일본을 배우고 충실히 따른다. 난민에 대해서도 보호가 목적이 아니라 출입국 관리가 주목적이라는 점을 노골적으로 드러낸다. 앞에서 말한 대로, 제네바 협약국은 인종, 종교, 국적, 사회적 신분, 정치적 견해의 차이로 인해 귀국할 경우 박해받을 위험이 있는 외국인에게 피난처를 제공할 의무가 있다. 신청자에게 그럴 만한 위험이 있는지 없는지를 심사하는 부처가 왜 법무부인가. 신청자 출신국의 정황을 자세히 알고 신청자와 소통을 원활하게 하기 위해서도 외교부가 맡는 게 논리적으로 옳다는 것은 삼척동자도 알 수 있을 것이다. 법무부 관할로 두고 있는 것은 난민을 받아들이고 보호하겠다는 의지보다 통제하고 받아들이지 않겠다는 의지가 반영된 것이라는 점을 그 누구도 부정할 수 없다.

최근에 난민인권센터(NANCEN) 등 시민단체는 법무부 산하 출입국 관리청의 난민 심사 공무원들이 저지른 엽기적인 행태를 고발했다. "한국에서 돈 벌고 나서 돌아가려고 한다" 등 난민 신청자들이 하지도 않은 말을 버젓이, 그것도 여러 신청자들의 서류에 똑같이 기재하여 불인정 판정이 나오도록 했는가 하면, 여성 신청자의 성별을 남성으로 기재한 일도 있었다. 어처구니없는 일이 벌어진 것인데, 여기서 난민 신청자의 처지를 제대로 아는 게 얼마나 어려운 일인지 한국의 난민 심사 공무원들에게 일깨워주기 위해 내가 프랑스의 '난민 및 무국적자 보호실' 직원과 면담했던 때의 일화 한 토막을 소개한다.

프랑스 외무부 산하 난민 및 무국적자 보호실에서 마주한 면담자에게 나는 정치적 견해 때문에 군부독재 체제인 전두환 정권 치하의 땅으로 돌아갈 수 없다고 말했다. 당시 나의 프랑스어 능력은 걸음마 수준이어서 영어로 소통했는데 다행히 면

담자의 영어 실력도 높지 않은 편으로 나와 엇비슷해 오히려 소통이 잘되는 편이었다. 그는 나에게 한국에서 구체적으로 어떤 반체제 또는 반정부 활동을 했느냐고 물었다. 그로선 당연한 질문이었다. 나는 서울 거리에서 반정부 유인물을 뿌렸다고 말했는데, 그것은 프랑스에서 벌금형을 받을 만한 범죄도 되지 않았다. 나는 내가 속해 활동했던 조직의 이름을 말했다. 남조선민족해방전선. 그러자 나는 곧바로 벽에 부딪혔다. 한국에서는 '남조선'이라는 말 하나만으로도 반체제의 성격이 곧 드러나지만, 영어로 옮기려니 그 또한 '남한'과 똑같은 'South Korea' 아닌가. 곤경에 처한 내가 'South Chosun'이라고 말하면서 'South Korea'와 전혀 다르다고 유창하지 못한 영어로 설명해보았지만, 심사관이 내 말을 알아들을 수 있었겠는가.

한 인간을 안다는 것이 얼마나 어려운 일인가. 하물며 이 방인의 사연을 안다는 것은 얼마나 어려운 일인가. 모든 인간은 사회적 존재, 역사적 존재이므로 그가 속한 사회, 그가 속한 사회의 역사, 그가 살았던 땅의 지정학까지 알아야 그 사람을 겨우 알 수 있다. 그런데 한국에서는 박해받을 위험, 생명을 빼앗길 위험 때문에 피난처를 구하는 이방인들을 어떻게 대하고 있는가.

나는 제주도에 온 예멘 출신 난민들에 대한 동시대인들의 혐오 감정 표현에 격심한 충격을 받았다. 그들은 내국인들의 일자리를 빼앗는 정도가 아니라, 아예 떼를 지어 쳐들어온 성 폭력 범죄 집단으로 비치기까지 했다. 독일처럼 100만 명의 난 민이 밀려들어 오는 것도 아니고, 오스트리아처럼 내국인 출생 자 수보다 외부로부터 유입되는 인원수가 더 많다는 이유로 극 우 정치 세력에게 정체성 공포의 빌미를 주는 정도도 아닌 고 작 500여 명이었다. 그런데 청와대 국민청원 홈페이지에 제기 된 '제주도 불법 난민 신청 문제에 따른 난민증, 무사증 입국, 난민 신청 허가 폐지/개정' 청원 요구에 70만 명에 이르는 동 시대인들이 참여했다. 세상에 스스로 인종주의자라고 말하는 사람은 아주 드물다. 다만 인종주의 언행으로 가득 차 있을 뿐 이다. 나와 다른 인종, 종교, 문화를 가진 이방인을 차별, 배제, 억압하고 그것으로 성이 차지 않을 때 혐오의 단계로 넘어가는 게 순서일 듯싶은데, 예멘 난민에 대해 동시대인들은 그런 과 정도 생략한 채 바로 혐오로 넘어갔다. 우리는 우리 각자의 눈 으로 사물과 현상을 본다. 예멘 출신 난민들을 향한 혐오 감정 은 그들에게 투사된 우리 자신의 모습이다.

세계를 떠다니는 인간 부초들, 이주노동자들이 이 땅에 정 주하면 안 된다는 정부 당국자의 발상에는 단일민족, 혈통 보 존이라는 전근대적 사고와 함께 제3세계 출신 이주노동자들에 대한 차별의식이 자리 잡고 있다. 동남아시아나 아프리카의 제 3세계 사람들에 대한 한국인의 우월감은 백인들에 대한 비굴

한 태도와 동전의 양면을 이룬다. 제3세계 사람들에 대해 우월
감을 표시하는 사람일수록 비굴할 정도로 제1세계와 백인을
선망한다. 예멘 난민들에 대한 혐오는 이러한 'GDP 인종주의'
에 무슬림에 대한 편견이 결합되어 나타난 현상이라고 할 수
있다.

　과연 난민은 어떤 존재인가. 사람은 사회적 동물이다. 난
민은 '사회적 동물'의 사회를 거의 대부분 상실한 존재다. 자기
가 속했던 국가와 사회를 떠나야 하고, 가족, 친지, 동료, 이웃
과도 멀어져야 하는, 그러면서 물설고 낯설고 말도 통하지 않
는 땅에서 앞으로 어떻게 살아가야 할지, 언제 자기 나라로 돌
아갈 수 있을지 막막하고 가슴 먹먹한 일상을 살아야 한다. 그
뿐인가. 가진 게 아무것도 없다. 돈도 없고, 직장도 없고, 거처
도 없고, 아무것도 없다. 그야말로 빈손이다. 그런 만큼 마음은
열려 있으며 몸은 무슨 일이든 할 준비가 되어 있다. 그런데도
위험인물이 되어야 한다. 예멘 난민들을 무슨 특수 목적을 갖
고 이 땅에 집단으로 침입해 온 사람인 양 바라본 동시대인들
이 적지 않았다. 인종주의에 관한 탁월한 책을 쓴 타하르 벤 젤
룬은 이방인에 대한 두려움에 관해 다음과 같이 말했다.

　이방인을 두려워할 권리를 갖는 것, 그것이 바로 두려움에 대한 승
　리가 된다. 두려움에 정면으로 맞서고, 우리 자신의 허약함의 거울

속에서 자신을 냉철하게 직시하는 대신에 우리는 우리의 두려움을

적에 대한 무기로 만들고 방패로 사용하려고 두려움을 내면화한다.

그리하여, 위협인 이방인은 넘어올 수 없다."

이웃에 대한
상상력

최근에 법무부는 난민법 개정을 예고했다. 지금까지 난민 신청자들은 신청할 때부터 심사에 이르는 과정에서 인간다운 대접을 받지 못해왔다. 수용시설도 열악하거니와 난민법이 정한 생계비 지원도 허울에 지나지 않고 그나마 신청자의 극소수만 받고 있다. 심사 과정에 필수적인 통역 지원도 제대로 되지 않아 의사소통이 어려운 경우가 비일비재한데, 소통 부족은 결국 난민 불인정으로 연결되곤 한다. 최근에 난민 신청자가 증가하고 있지만 심사 인원이 충원되지도 않고 통역비 지원 예산도 증액되지 않는데도 불인정 결정을 이전보다 더 빨리 내리고 있다.

난민으로 인정할 수밖에 없을 때에도 난민 자격을 주지 않고 인도적 체류 허가를 준다. 인도적 체류자들은 1년마다 체류 자격을 갱신해야 하고, 가족 결합도 불가능하며, 사전 허가를 받은 사업장에만 취업이 가능하다. 난민법을 개선하고 또 개선해야 할 판인데 법무부는 개악안을 내놓았다.

만약 법무부 개악안이 의회에서 통과된다면, 난민 심사의 벽은 더 높아지고 신청 절차는 더 어려워질 것이다. 난민 신청 접수 장소는 축소되고, 난민 신청자가 출국하면 신청을 철회한 것으로 간주하여 가족 결합이 힘들어지고, 90일 동안이었던 소송 기간이 30일로 줄어들어 변호사 등의 도움을 받기가 어려워지는 반면에 강제소환은 훨씬 쉬워진다. 다시 말하건대, 법무부는 난민 관련 업무를 붙들고 있지 말고 외교부에 이관하기 바란다. 무엇인가를 하는 게 아무 일도 하지 않는 것보다 못한 경우가 있다. 국가의 녹을 먹는 행정 관리들이 자주 벌이는 일이다.

2019년 4월 11일은 "대한민국은 민주공화제로 한다"로 시작하는 임시정부 헌장이 선포된 지 100주년이 되는 날이었다. 여의도공원에서 기념식이 열렸다. 이 자리에서 이낙연 총리는 "대한민국은 임시정부의 뿌리 위에 꽃피웠다"고 말했다. 100년 전에 독립운동가들이 새로운 나라, 새로운 정부를 세웠던 곳은 중국 상해였다. 다시 말해, 대한민국의 출발은 난민들에 의한 망명 임시정부였다. 당시 독립운동가들의 처지는 난민과 어떻게 다른가? 그런 뿌리를 둔 대한민국이 오늘 세계의 난민을 어떻게 대하고 있을까?

유엔난민기구에 따르면, 2017년 한국의 인구 대비 난민 수용률은 세계 139위였다. 한국의 2017년 기준 난민 인정 비율은 1.51퍼센트로, 전 세계 24.1퍼센트, 유럽연합 33퍼센트, 미국과 캐나다 약 40퍼센트에 비추어 일본과 함께 세계에서 꼴찌를 다툰다. 우리 의식 안에 자리 잡고 있는 이른바 순혈주의가 난민정책의 배타성을 강화해주고 있다. 이주민들의 정주를 막는 정책도 마찬가지다. 단일민족 신화에 갇힌, 배타적 민족주의의 반영이다. 그러면 『태종실록』에 나오는 아래 기록을 읽어보면 어떨까?

호조에서 보고하기를, "내년을 염려하지 않을 수 없습니다. 청컨대 올적합, 올량합(이상 여진의 한 부족), 왜인, 회회(아랍계 무슬림) 등의 사람으로서 토지를 받고 거실을 소유한 자의 월급을 없애서 비용을 줄이십시오"라고 했다. 임금이 그대로 따랐다.

『태종실록』 태종 16년(1416년) 5월 12일의 기록이다. 조선 땅에 사는 외국인 관리들이 너무 많아 조정 예산을 관장하는 호조가 걱정하는 내용이다. 그냥 외국인이 아닌, 국록을 먹는 외국인 관리들이 너무 많았다는 것이다! 『고대, 한반도로 온 사람들』이라는 책에 이 기록을 소개한 이희근 겨레문화유

산연구원 전문위원은 한반도가 "대륙 세력과 해양 세력이 교차하는 지정학적 위치에 자리"함으로써 "다양한 인종이 끊임없이 유입될 수밖에 없었다"고 설명하면서 "한반도의 주민은 단일민족인 적이 없었다"고 단언한다.

"우리는 이 땅을 조상에게서 물려받은 게 아니라 우리 자손에게서 빌린 것이다."

『어린 왕자』를 쓴 생텍쥐페리의 말이다. 자연을 마구 훼손하고 난개발을 해서는 안 된다고 할 때 자주 인용되는 말이다. 이를 더 확장하여 우리 땅의 실제 주인인 우리 후손들이 우리에게 난민이나 이주노동자들을 배제하라고 요구하는지에 대한 물음에도 적용할 수 있을 것이다. 우리 문화의 다양성을 위해서도 지금 이 땅에 와 있는 이주민들의 문화들이 이 땅에서 만나서 비벼질 수 있기를 우리 자손들이 바라지 않을까?

지금 이 땅에 와 있는 난민이나 이주노동자들에게도 고향이 있다. 1960~1970년대에 독일에 광부나 간호사로 갔던 한국인들에게 고향이 있었듯이. 누구의 고향이든 모든 고향에는 문화가 깃들어 있다. 그 문화들이 우리 땅에서 서로 만나 비벼진다고 생각해보자. 우리와 우리 자손에게 축복이 되지 않을까?

자공이 물었다. "평생 동안 실천할 만한 한 가지 말씀이 있습니까?"

"서(恕)다. 자신이 원하는 바가 아니면 남에게도 행하지 말라."

『논어』 위령편에 나오는 구절이다. 예수님도 "남이 너에게 대접해주길 바라는 그대로 너희도 남에게 대접해주어라"라고 말씀하셨다.(마태복음 7:12)

본디 나를 존중하고 사랑할 줄 아는 사람이 공감 능력이나 감정이입에 의해 남을 존중하고 사랑할 줄 아는 법이다. 한국에서 타인을 무조건 배척하는 혐오 문화가 심각한 사회문제로 떠올랐다는 기자의 물음에 어느 지혜로운 이방인은 이렇게 응답했다.

"타자에 대한 혐오를 쏟아내는 사람은 스스로의 존재 의미를 찾지 못한 사람이다. 사람과 사람이 소통하고 이해하려면 나부터 독립적인 주체가 돼야 한다. 다른 사람을 있는 그대로 인정하려면 자기 정체성부터 확립해야 한다. 한국 사회에 혐오가 만연한 것은 사람들이 '나'를 찾지 못했다는 뜻일 수도 있다. 나와 생각이 다르고 나를 불편하게 하는 사람들과 만나고 대화하는 것이 유일한 대안이다. 그 과정에서 나조차 몰랐던 나를 발견할 수 있다. 한 곳에 머물려 해서는 안 된다."

이웃에 대한 상상력을 키워야 한다. 에마뉘엘 레비나스의 말처럼. "타자의 생명을 존중하고, 타자와 인격적 관계를 맺어야 나라는 존재의 유한성을 극복할 수 있다."

• 알란 쿠르디와 캐나다

알란 쿠르디의 사진은 세계의 수많은 양심들에게 충격을 주었다. 특히 캐나다에서는 반향이 컸다. 알란의 숙모가 캐나다 밴쿠버에 살고 있었고 알란 가족을 캐나다에 입국시키려고 여러 달 전부터 애썼지만 뜻을 이루지 못했다는 사실이 알려졌기 때문이다. 그해 캐나다의 중도파 자유당의 쥐스탱 트뤼도 대표는 선거 캠페인 중에 "총리에 선출된다면 2015년 말 이전에 2만 5,000명의 시리아 난민을 받아들이겠다"고 약속했다. 선거에서 승리, 보수당의 스테븐 하퍼에 이어 캐나다 총리에 취임한 그는 이 약속을 지키기 위해 600명의 캐나다 민간인과 군인을 중동으로 보냈다. 그들은 레바논, 요르단과 터키에 있는 시리아 난민들을 직접 만나 그들 중에서 가장 힘든 상황에 처한 사람들, 여성 혼자인 난민, 아이들, 그리고 가족 단위 난민들을 선별하여 캐나다로 불러들였다. 그리하여 세계인권선언 67주년인 2015년 12월 10일, 시리아 난민을 태운 첫 비행기가 캐나다에 입국할 때 트뤼도 총리가 그들을 영접했다. 2016년 2월 27일에는 2만 5,000명째의 시리아 난민이 캐나다 땅을 밟았다. 트뤼도 정부의 존 맥컬럼 이민부 장관은 이렇게 말했다. "여러 해 전부터 세계의 난민 위기가 더 심각해지는 터에 다른 나라들이 문을 닫을 때 우리는 문을 열 것이다." 또 "가장 중요한 도전은 난민을 위한 주택과 언어 교육, 그리고 일자리다"라고 말했는데, 실제로 69퍼센트의 시리아 난민들은 입국한 지 석 달도 지나지 않아 주택을 제공받았다.

장발장은행의
탄생

인생 유전이라고 했던가, 지금까지 가졌던 직업이나 명칭을 짚어보니 꽤 복잡하다. 회사원, 관광안내원, 택시 기사에 이어 신문기자와 소수파 진보 정당의 대표를 지냈는데, 급기야 은행장의 직함까지 갖게 되었다. 직업을 전전했다는 것은 그만큼 삶이 불안정하고 신산했다는 점을 드러내는 것인데, 그중에도 은행장이라는 직함을 갖게 된 것은 아주 뜻밖의 일이었다. 주식도 없고 스톡옵션도 없고 봉급도 수당도 없는 은행장은 아마도 세계에서 유일할 것이다. 장발장은행은 그 이름이 말해주듯 별난 은행인지라 은행장이라는 자리가 나에게 돌아왔다. 인권연

대는 '세계에서 가장 가난한 은행장'이라는 '명예로운 명예직'
을 나에게 갖게 했다.

　장발장은행은 2015년 2월 25일에 한국에서 태어났다. 법
을 위반한 행위를 저질러 국가로부터 벌금형을 받은 사람들 중
에 벌금을 낼 형편이 못돼 교도소에 갇혀 강제노역을 해야 하
는 사람들에게 벌금액을 빌려주는 은행이다. 이자도 없고 담보
도 없고 신용 조회도 하지 않는다. 세계에서 이런 일을 하는 은
행은 한국의 장발장은행뿐이다. 이 말은 장발장은행의 취지가
뛰어나다는 것보다 한국의 벌금형 제도가 잘못되었다는 것을
뜻하는데, 이 글을 끝까지 읽으면 그 연유를 알 수 있다.
　벌금형을 받는 수형자가 벌금을 내지 못해 감옥에서 강제
노역을 할 경우, 2014년까지는 대개 하루에 5만 원씩 차감되
었는데(이 금액은 판사 재량이다), 이른바 '황제노역' 사건(대주그
룹 허재호 회장에게 교도소 노역 하루당 벌금 5억 원씩을 깎아주어
사회적으로 논란이 되었던 사건이다. 그는 5일 동안 노역으로 25억
원의 벌금액을 탕감받았다)이 터진 뒤부터는 하루 10만 원으로 두
배가 되었다. 가령 300만 원의 벌금형을 받은 사람이 벌금을
내지 못하면 30일 동안 교도소에 갇혀 강제노역을 해야 한다.
　장발장이 프랑스의 문호 빅토르 위고가 쓴 소설 『레 미제
라블』의 주인공 이름이라는 것은 잘 알려져 있다. 책 제목 『레
미제라블』은 우리말로 '비참한 사람들'을 뜻하는데, 장발장은

빵 한 개를 훔친 죄로, 그리고 탈옥을 시도했다가 19년 동안 강제노역형에 처해진다. 그 이름은 국가로부터는 형벌을, 사회로부터는 무관심과 냉대를 받은 사람의 대명사라고 할 수 있다. 죄를 지었으면 마땅히 벌을 받아야 한다. 하지만 "죄는 미워해도 죄인은 미워하지 말라"는 격언이 있다. 장발장이 빵을 훔친 죄를 지은 것은 빵을 살 돈이 없었기 때문이다. 국가는 '죄인(사람)'과 '죄(행위)'를 구분하지 않는다. 그래서 빵을 살 돈이 없어 굶주렸던 '사람'은 보려고 하지 않고 도둑질이라는 '행위'만을 보고 형벌을 내린다. 한국의 시민단체인 인권연대 활동가들과 함께 장발장은행의 기획에 참여한 서해성 작가가 '사회적 모성'이라는 표현을 쓴 것은 '차가운 국가'와는 다른 '따뜻한 사회'의 의미를 많은 시민들과 함께 나누고 싶었기 때문이다. 벌금형을 받은 사람들은 대부분 생계형 범죄를 저지른 사람들이다. 장발장처럼 가난해서 죄를 지었고 징역형보다 가벼운 벌금형을 선고받았는데 다시 가난하기 때문에 벌금을 못 내 교도소에 갇혀 자유를 빼앗긴다.

장발장은행의 주체는 이 은행의 취지에 동참하여 연대하는 시민들이다. 장발장은행 설립 4년 9개월이 되는 2020년 1월 말까지 7,875명의 개인과 단체, 교회 등에서 10억 8,256만 9,653원의 성금을 보내주었다. 그 덕분에 지금까지 783명이 감옥에 가는 대신 자유를 누릴 수 있었다. 장발장은행이 문을 연다는 소식이 전해지자 이에 호응한 시민들의 참여와 언론의 관심도 컸지만, 예상을 훨씬 뛰어넘었던 일은 대출 신청이 쇄도한 것이다. 어쭙잖게 은행장이라는 소임을 맡아 인문학자, 변호사, 법학전문대 교수, 인권활동가와 함께 대출 심사에 참여하고 있는데, '악역을 맡은 자의 슬픔'이라고 해야 할까, 매번 곤혹스러움을 느껴야 한다. 국가로부터 벌금형을 선고받은 사람들을 또다시 누구에겐 대출을 해주고 누구에겐 해줄 수 없다고 분류해야 하기 때문이다. 신청자 중 20퍼센트 정도에게만 대출해줄 수 있는 한정된 재원이라는 합리화의 근거가 있지만, 심사할 때의 분위기는 자못 무겁다. '대출 가(可)'로 분류할 때 커졌던 심사위원들의 목소리는 '대출 불가'를 결정할 때엔 잦아들고, 일단 '불가'로 분류했다가도 심사위원 한 분의 "다시 살펴봅시다!"라는 말에 또 한 번 들여다보기도 한다. 이미 국가로부터 심판을 받은 사람들이기 때문에 무슨 잘못을 저질렀는지보다 집안 환경과 나이를 더 중요하게 참작하여 결정한다. 예를 들어 교도소에 갇히면 어린아이나 늙은 부모를 돌볼 사람이 아무도 없거나, 사회생활 초기에 잘못을 저지른 스무 살 안팎의 젊은이에게는 우선적으로 대출해주고 있다. 사연은 저마다 기구하기 이를 데 없다. 주유소 아르바이트를 하다가 1만 6,000원을 훔친 죄로 70만 원 벌금형을 선고받은 스무 살 청년이 있었는가 하면, 군 입대 전에 받았던 벌금을 내지 못해 전역과 동시에 교도소에 가야 할 처지에 있던 청년도 있었고, 입원 치료비를 낼 형편이 못돼 병원에서 도망친 어머니도 있었다. 200만 원을 들고 가 감옥에 갇혀 있는 사람을 빼내오기도 했는데, 이런 일들은 끊임없이 '돈이란 게 무엇인가'라는 물음을 던지게 하고 신문 지면에서 억 단위의 부정부패 사건 소식을 접할 때 위화감을 넘어 분노를 느끼게 한다.

대출을 받은 사람들이 고마움을 표시하는 것은 당연하다. 대부분이 "그게 어떤 돈인데 갚지 않겠느냐"고 말한다. 300만 원을 대출 한도로 정하고 6개월 동안 거치한 뒤 1년 동안 분납하는 것을 상환 기준으로 정해놓긴 했지만, 대출받은 다음 달부터 갚아나가겠다고 말하는 사람도 있고 매달 5만 원씩 30개월 동안 갚겠다는 기초생활수급자도 있다. 2020년 1월 말까지 총 14억 9,827만 7,000원의 대출을 받은 783명 중에 423명이 대출금을 상환하고 있으며 그중 128명은 대출금 전액을 상환했다. 총 대출액이 시민의 성금(10억 8,256만 9,653원)을 초과하는 것은 상환된 돈을 다시 대출 재원으로 사용하기 때문이다.

준법과
위법의
경계에서

가난의 질곡에서 벗어나기 어려운 사람들, 벌금형을 받은 자신의 수중에 100만 원, 200만 원이 없고 가족이나 친지들에게서 빌리기도 어려울 만큼 사회적 관계까지 열악한 사람들, 그런 사람들을 만난 기억이 거의 없는데 세상에는 무척 많았다. 세상은 고급 아파트와 임대아파트처럼 분리되어 있었고, 나 또한 "소외되고 버림받은 민중"이란 표현을 쓰면서 연대를 강조하기도 했지만 그것은 관념에 가까운 것이었다. 『감시와 처벌』을 쓴 프랑스 지식인 미셸 푸코는 동료, 후배들과 '감옥 감시단'을 꾸렸던 일을 소개하며 말로만 떠들고 실천하지 않는 지식인을 비판했는데, 그 비판의 화살은 정작 나부터 맞아야 했다. 돈보다 사람을 먼저 생각하고 인권의 중요성을 인식하는 것은 물론 중요한 일이다. 하지만 그것만으로는 부족하다. 올바른 생각을 갖는 것도 중요하지만 실천을 해야 한다. '인권연대'는 오래전부터 '평화인문학'이라는 이름으로 교도소에 찾아가 수형자들을 대상으로 인문학 강좌를 열어왔다. 이 평화인문학의 강사로 참여했던 인권활동가, 변호사와 법학자들, 인문학자들이 장발장은행을 기획하고 참여하게 된 것은 우연이라고 할 수 없다.

한시도 결핍 상태에서 벗어날 수 없는 장발장들의 생존 조건은 늘 한계 상황에 직면하게 하고 준법과 위법의 경계에 머물게 한다. '생계형 범죄'의 경계에 아슬아슬하게 서 있다는 뜻이다. 우리가 자주 말하곤 하는 '유전무죄, 무전유죄'라는 말의 뜻은 꾈 유(誘) 자를 써서 확장되어야 한다. 돈이 없으면 죄가 되는 것에 머물지 않고 죄를 짓도록 이끌기 때문이다(無錢有罪→無錢誘罪). 잠시 가난의 질곡에서 벗어나지 못하는 사람의 자리에 서보면 어떨까? 항상 가난에 찌들어 사는 나는 이름을 빌려주면 매달 100만 원씩 주겠다는 제안을 쉽게 거절할 수 있을까? 성인용 비아그라를 전달해주면 푼돈이나마 벌 수 있는 지하철 택배를 하지 않을 수 있을까? 평생 고아로 살아온 나는 찜질방에서 눈에 띈 지갑을 슬쩍하여 2만 원을 훔치지 않을 수 있을까? 병든 두 아이의 치료비가 많이 들어 새벽에 이유식 배달이라도 하고 싶은데 자동차 보험금이 없다고 그 일을 포기할 수 있을까? 이처럼 '무전유죄'라는 말은 '돈이 없는 게 죄'라는 뜻뿐만 아니라 '죄를 짓도록 이끈다'는 뜻까지 담아야 하는 것이다. 그런데 거기서 끝나지 않는다. '유전무죄, 무전유 죄'라는 말은 다시 '유전무병, 무전유병'이라는 뜻까지 결합시 켜야 한다. 벌금형을 받은 사람들 중에는 기초생활수급자도 많 은데, 그 자신이 아프거나 식구들이 아픈 경우가 거의 대부분 이다. 병이 들어도 돈이 없으니 제때에 치료받지 못하고, 그 상 태가 오래 지속되면서 병을 키우는 결과를 낳기 때문이다.

그럼에도 김수영 시인이 〈어느 날 고궁을 나오면서〉라는 시에서 표현했듯이, 우리는 주로 작은 일에 분개한다. 작은 도 둑들이 빠짐없이 법망에 걸릴 때 큰 도둑들은 법망도 잘 피하 는데, 우리가 정작 손가락질하면서 멀리하려는 쪽은 큰 도둑들 이 아니라 작은 도둑들이다. 사회적 약자들에 대한 사회의 무 관심과 냉대는 국가로 하여금 거리낌 없이 벌금형을 내리게 하 여 가난한 사람들을 더욱 가난의 막장으로 몰아붙이고 있는데 말이다.

'43,199'라는 숫자

벌금을 내지 못해 교도소에 들어가 강제노역을 하는 사람이 1년에 몇 명쯤 될까? 2009년에 4만 3,199명이었고 매년 4만 명을 넘는데, 2015년에는 4만 8,000명에 이르렀다. 나는 깜짝 놀랐다. 전혀 예상하지 못한 많은 숫자였기 때문이다. 이 숫자에 비하면, 장발장은행의 대출 혜택을 받은 사람은 1퍼센트도 되지 않는다. 이들 모두가 교도소에 가지 않도록 하려면 수백억 원의 돈이 필요하다는 계산이 나온다. 장발장은행이 자유를 빼앗기는 사람의 수를 단 한 사람이라도 줄일 수 있다면 그만큼 소중한 의미를 갖지만, 법 제도가 시급히 바뀌고 정비되어야 하는 이유가 스스로 드러난다. 인권연대가 중심이 되어 여러 해 전부터 '43,199 캠페인'을 벌여 총액벌금제 대신 일수벌금제로 바꿔 소득과 재산에 따라 벌금에 차등을 두는 방안, 징역형에 적용되는 집행유예를 벌금형에도 폭넓게 적용하는 방안, 연납과 분납제를 적극적으로 활용하는 방안 등 벌금제 개혁 입법을 위해 노력해왔던 것도 이 때문이다. 그러나 개혁 법안이 국회에 제출되었다가도 회기를 넘겨 자동 폐기되는 일이 반복되었다. 그동안 국회와 정치권이 직무 유기를 했다고 말해도 틀리지 않는데, 언론 또한 제 역할을 했다고 말하기 어렵다.

징역형은 벌금형보다 무거운 형벌이다. 그런데 징역형에는 집행유예 제도가 있다. 우리는 가령 재벌 총수나 비리 정치인, 고위 공무원에게 "3년 징역에 5년 집행유예"의 선고가 내려졌다는 뉴스를 접한다. 그들은 벌금형보다 무거운 징역형을 받았지만 집행유예 제도로 교도소에 가지 않을 수 있다. 그런데 징역형보다 가벼운 벌금형에는 집행유예 제도가 없었다. 한 변호사는 징역형이 아닌 벌금형을 받은 의뢰인한테서 불만의 소리를 들어야 했다. 징역형을 받으면 집행유예로 감옥에 가지 않을 수 있는데, 벌금형을 받았지만 돈이 없으면 꼼짝없이 감옥에 가야 했기 때문이었다. 이런 어처구니없는 모순이 오랫동안 시정되지 않았다는 점이 상식을 가진 사람들을 어처구니없게 했다.

한국의 총액벌금제와 달리, 유럽의 거의 모든 나라에서는 재산과 소득에 따라 차등을 두어 부과하는 '일수벌금제'를 시행하고 있다. 잘못의 경중에 따라 먼저 일수를 정하고 그 일수에 그 사람의 소득과 재산의 크기를 곱하여 벌금액을 정하는 것이다. 교통법규를 위반한 경우에도 소득과 재산에 따라 범칙금이 다르다. 핀란드 기업 노키아의 부회장이 오토바이를 타고 과속(60킬로미터 제한속도 구역을 80킬로미터 이상으로 주행)하다 단속에 걸려 11만 6,000유로(약 1억 4,000만 원)의 범칙금을 내야 했다는 유명한 일화도 있다. 그만큼 벌금이나 범칙금을 부자에게는 많게 가난한 사람에게는 적게 내도록 법이 정하고 있는 것이다. 독일에서는 무려 3만 배(1유로~3만 유로)의 차이도 날 수 있는데, 이런 점이 그들에게 장발장은행 같은 게 필요 없는 배경인 것이다. 돈 많은 부자에게 수천만 원의 벌금은 그야말로 껌값에 지나지 않지만 가난한 사람에게는 단돈 100만 원도 엄중한 부담이 된다는 것은 삼척동자도 알 만한 일이다. 자본주의 사회에서 가난하다는 것은 이미 불평등을 겪는 일인데, 징벌에서 또다시 불평등을 겪게 하는 법 제도는 오래전에 고쳐졌어야 마땅했다.

장발장은행은 국회나 법조계를 향해 잘못된 벌금 제도를 바꾸라는 시위를 벌이려고 태어났다고 해도 크게 틀리지 않는다. 실제로, 캠페인만으로는 잘 움직이지 않던 국회가 장발장은행이 문을 연 지 1년도 채 되지 않은 2015년 12월 9일, 정기국회 마지막 날에 벌금제 개혁 법안을 본회의에서 통과시켰다.

그 내용은 세 가지였다. 우선, 벌금형에도 집행유예 제도가 도입되었다. 그동안 집행유예는 징역 3년 이하에만 가능했지만, 형법 개정을 통해 벌금 500만 원 이하에 대해서도 집행유예를 선고할 수 있게 되었다. 집행유예 기준을 500만 원 이하의 벌금으로 제한한 것은 좀 아쉽긴 하지만, 전체 벌금형 선고 건수 중에서 500만 원 이하의 벌금이 97퍼센트에 이르므로 크게 문제되지는 않을 것 같다. 둘째로, 벌금을 현금만이 아닌, 신용카드나 체크카드로도 낼 수 있게 되었다. 지금까지 벌금은 장애인이나 기초생활수급자가 아니면 선고받은 날로부터 30일 이내에 현금으로만 내야 했기 때문에 목돈을 한꺼번에 마련하기 힘든 가난한 사람들에게는 큰 부담이었다. 마지막으로, 분할 납부와 납부 연기도 법률에 근거를 두게 되었다. 벌금을 나눠 내거나, 급한 사정이 있는 경우에는 나중에 낼 수 있게 된 것이다.

큰 걸음을 내딛은 건 분명하지만, 소득과 재산에 따라 벌금에 차등을 두는 일수벌금제의 도입과, 벌금을 내지 않는 경우에 교도소에 보내는 게 아니라 사회에서 봉사를 할 수 있도록 하는 법률 개정 등의 숙제가 여전히 남아 있다. 그래도 이번 법률 통과로 벌금을 내지 못해 매년 4만 명 이상이 교도소에 갇혀야 하는 고통과 불행은 상당히 줄어들 수 있게 되었다. 장발장은행이 여느 은행과 다른 또 한 가지는 되도록 빨리 문을 닫기를 바란다는 점이다. 2년 유예기간을 거쳐 법이 시행되고 있지만, 판사들이 새 법을 적극적으로 적용하지 않은 탓인지 대출 신청자가 눈에 띄게 줄고 있지는 않다. 장발장은행은 되도록 빨리 문을 닫고자 일수벌금제와 사회봉사명령제 도입을 위해 노력하고 있다.

장발장의
은촛대

장발장은행과 관련하여 내가 자주 들었던 질문은 대출받은 사람들이 상환은 잘 하는지, 상환 비율은 얼마나 되는지에 관한 것이다. 그때마다 "기대했던 것에서 크게 벗어나지 않는다"라고 답변하곤 하는데, 간혹 "워낙 열악한 형편에 있는 분들이어서…"라고 덧붙이기도 한다. 그들에게 대출금을 상환할 돈이 생겨도 다른 데 쓸 일이 워낙 많다는 것을 대출 심사 과정을 통해 잘 알고 있기 때문이다. 하지만 이런 생각이 들기도 한다. 한 번 불친절을 겪어도 사회로부터 버림받았다는 느낌을 갖는 게 인간이라고 했는데, 국가와 사회로부터 징벌과 냉대를 받을 뿐인 동시대인에게 시민 연대의 힘으로 따뜻한 손길을 한 번 내밀 수 있었다면 그것만으로도 대출금은 이미 상환되고 남았다고 해야 하지 않을까, 라는 생각이다. 왜 우리가 은행 이름을 '장발장'이라고 정했는지, 소설 『레 미제라블』에서 장발장을 새 사람으로 거듭나게 했던 것은 무엇이었는지 돌아볼 필요가 있다는 뜻이다. 그래서 대출해준 분들에게는 "대출금을 상환해주셔야 다른 분들에게도 대출해줄 수 있습니다"라고 말하면서도 속마음으로는 "대출금은 이미 상환되고 남았다"라고 말하고 싶은 것이다. 소설 『레 미제라블』을 읽은 독자라면 기억하고 있을 것이다. 은식기를 훔쳐 도망쳤던 장발장에게 은촛대까지 쥐여주면서 "당신의 영혼을 사겠소"라고 미리엘 주교가 말하는 장면을. 소설에서 감동적인 부분 중 하나다.

장발장은 19년 동안의 강제노역형을 마치고 다시 세상에 나온다. 그러나 그를 따뜻하게 맞아주는 곳은 아무 데도 없었다. 해가 저물도록 곳곳에서 문전 박대를 당한다. 날이 어두워졌고 그는 어느 집 앞에서 지친 몸을 눕힌다. 그 집은 은퇴한 미리엘 주교의 소박한 거처였다. 그를 발견한 주교는 집안으로 안내하고 먹을 것과 침대를 내준다. 이튿날 아침, 은식기를 도둑맞았다고 외치는 집안사람에게 미리엘 주교는 "우리가 그 은식기의 주인인가요?"라고 묻고, "나는 그 은식기를 오랫동안 잘못 갖고 있었습니다. 그것은 가난한 사람의 것입니다. 그 남자는 어떤 사람이었습니까? 가난한 사람이었던 게 분명하지

요!"라고 말한다. 잠시 뒤 장발장의 덜미를 잡은 지역 경찰 세 명이 들이닥친다. 주교는 장발장에게 다가가 이렇게 말한다. "아, 당신! 당신을 다시 보게 되어 다행이오. 내가 당신에게 촛대도 주었잖소? 은으로 된 것이어서 200프랑은 족히 받을 수 있을 거요. 왜 은식기랑 같이 가져가지 않았소?" 모두 어안이 벙벙해질 수밖에! 경찰을 먼저 내보내고 난 뒤, 미리엘 주교는 장발장에게 작은 목소리로 말한다. "잊지 마시오. 이 은을 정직한 사람이 되기 위해 사용하겠다고 내게 약속했다는 것을 결코 잊지 마시오." 장발장은 아무 약속도 한 적이 없었으므로 더욱 당황한다. 주교는 다시 이렇게 말한다. "장발장, 나의 형제여, 당신은 이제 더 이상 악에 속하지 않고 선에 속합니다. 당신의 영혼을 사겠소. 나는 당신의 영혼에서 어두운 생각과 타락한 정신을 드러내 하느님께 바치오."

그 은촛대였다. 장발장이 마지막 숨을 거둘 때 그를 지켜본 것도, 장발장을 마지막 날까지 지켜준 것도 바로 그 은촛대였다. 장발장은행이 대출해준 100명의 사람 중 단 한 사람에게라도 '장발장의 은촛대'가 되어줄 수 있다면 설령 99명이 상환을 하지 않아도 괜찮다는 생각을 하게 된 배경이다. 물론 시민의 성금으로 운영되는 장발장은행을 미리엘 주교의 은촛대와 동렬에 놓고 말할 수 없다는 점을 잘 알지만 말이다.

사적 나눔과
공적 분배

"그래봤자, 너만 손해야!"

어려움이나 곤궁에 처한 친구나 이웃을 조금이나마 역성 들거나 도우려고 할 때 들려오는 소리다. 바깥에서도 들리지만 내면에서도 들린다. 이 짧고 단호한 한마디에, 사소한 인정마저 제동이 걸린다. 인정의 베풂이 배반으로 돌아온 경험, "끝이 좋지 않았다"는 경험이 실제로 많기 때문일까, 아니면 그런 경험담에 사람들이 더 귀 기울이기 때문일까, 크게 잃어본 적도 도움을 준 적도 없는 이들도 미리부터 신중하다. 그리하여, "주지도 받지도 말라!"는 처세법은 사람들의 마음 한구석에 남아 있던 찝찝함마저 개운하게 날려주는 현명한 답으로 자리 잡았다.

인정, 사람과 사람 사이에 흐르는 정, 그 출발은 타인의 고통과 불행에 대한 공감 능력이고 측은지심일 것이다. 인간이 만물의 영장이라는 말이 조금은 덜 부끄러울 수 있다면 무엇보다 이것이 있어서일 것이다. 아무리 제도를 촘촘히 만들어놓는다 해도 틈은 있기 마련이다. 여전히 어렵고 소외된 이들을 들여다보고 성기기 짝이 없는 사회안전망의 틈을 메우는 아교 역할을 해내는 것이 인정이다. 그런 인정이 피해의식과 이해타산으로 사라지고 있다. 더 이상 각박해질 수 있을까 싶을 만큼 메마른 인간관계는, 손해 볼 일만 없앤 게 아니라 가슴 따뜻하게 하는 삶도 함께 사라지게 했다. 이렇게 각박한 사회는 구성원들의 사회화 과정에도 그와 같은 영향을 미치고 급기야 가정도 파괴한다. 한 가족에 관한 다음과 같은 두 시절의 이야기가 있다.

힘들게 벌어도 고기 한번 양껏 못 먹여 가슴 아픈 아빠와 두 자식에게 푼돈밖에 쥐여주지 못해 늘 미안한 엄마. 빨리 어른이 되어 부모의 짐을 덜어줄 수 있기를 손꼽아 기다리는 첫째와 언제든 함께하니 든든하다는 둘째.

가족 부양하느라 진이 다 빠져버렸다는 아빠. 돈 버는 기계 취급에

신물이 난다고 한다. 엄마는 전업주부가 되어 가족에 헌신했는데 이를 알아주지 않는 남편과 자식에게 불만이고, 첫째는 금수저 뒷배가 되지 못하는 부모를 원망하는데, 둘째는 늦게 태어나 손해 본다면서 첫째를 부러워한다.

우리는 첫째 이야기 가족의 시대가 아닌, 둘째 이야기 가족의 시대를 살고 있다는 것을 안다. 우리에게 보릿고개 시절에 대한 향수가 남아 있다면 첫째 이야기의 여운 때문일지 모른다. 가족관계가 이런 상황에 있으니 어려운 형편에 있는 이웃이나 친척을 돕는 일은 아주 드문 일, 겸연쩍은 일이 되었다. 이웃의 고통과 불행에 점점 무감해지면서 그런 고통과 불행을 낳는 사회 환경과 구조에 대한 분노도 점차 동력을 잃었다. 스테판 에셀은 아흔 살을 넘긴 나이에 "분노하라!"고 외쳤다. 우리는 사회 불의 앞에서는 잠잠하고 사적으로 불이익을 당할 때에 주로 분노한다.

나는 우리가 "가난은 나라도 못 구한다"는 통념에서 벗어나기를 바란다. 가난을 구할 의지가 없는 위정자들이 자신을 합리화하려는 언설이라고 응수할 수 있기를 바라는 것이다. 정치는 본디 고귀한 것이다. '보이지 않는 사회적 연대의 실현'이 정치의 기본 소명이기 때문이다. 그래서 올바른 정치는 무엇보다도 가난한 국민이 겪는 고통과 불행을 덜어주어야 한다. 19세기에는 여유 있는 사람들이 사적인 나눔과 온정으로 가난한 사람을 도와주었다면, 20세기에는 공적인 분배를 통한 복지 제도를 갖게 되었다. 긍정적인 의미의 정치가 작용한 것이다. 사적인 나눔과 온정은 베푸는 사람과 받는 사람이 사적으로 만나기 때문에 오만함과 '자존감 훼손'이 교차될 가능성이 크다. 『주홍 글자』를 쓴 미국 작가 너새니얼 호손이 "선행과 오만은 쌍생아다"라고 말한 이유일 것이다.

우리에게도 잘 알려진 빌 게이츠나 워런 버핏 같은 미국의 거부들은 재산의 상당 부분을 사회에 기부하고 '부자 감세'에 반대하는 등의 실천으로 존경받는 인물들이다. 자식에게 재산을 물려주기 위해 온갖 탈법과 불법을 저지르는 한국의 재벌들에 비한다면 그들은 적어도 '부자의 품격', 즉 노블레스 오블리주의 정신이 있다고 말할 수 있다. 그런데 독일의 거부인 페터 크레머는 〈슈피겔〉 지에 미국 부자들의 개인적인 기부 운동을 비판하는 글을 실어 사람들의 눈길을 끈 적이 있다. 비판의 요지는 미국처럼 기부액의 대부분을 세금 공제 해줄 경우 세금을 내기보다는 기부를 하는데, 그렇게 되면 정부가 아닌 소수 부자들이 기부금을 어디에 쓸 것인지 스스로 결정하게 된다는 것이다. 나름 공적 분배의 제도화가 이루어진 유럽에 비해 미국은 아직 사적 기부(나눔)의 수준에 머물러 있다고 할 수 있다. 한국은 어떨까? 21세기 한국 땅의 장발장들은 19세기 유럽의 사적인 온정과 선행에서도, 20세기의 공적인 복지에서도 아직 먼 존재로 남아 있는 게 아닐까?

나눔과 분배라는 두 말의 뜻은 비슷한데 오늘의 한국 사회에서 이 두 말은 비슷하기는커녕 적대적이기까지 하다. 한국 사회에서 나눔의 반대는 '독차지'인데, 분배의 반대는 '성장'이기 때문이다. 한국 사회를 지배하는 성장주의는 분배를 외면하거나 적대시하게 만든 주된 요인이다. 나눔은 분명 좋은 것으로, 이 말에는 굶주린 자에게 던져주는 동냥의 의미를 넘어서는 점이 분명히 있다. 하지만 한국 사회에서 나눔은 특히 '공적 분배의 제도화'를 차단하거나 봉쇄하려는 목적으로 주장될 수 있다는 점을 유의해야 한다.

"가난한 사람들을 도와야 한다고 말했을 때 사람들은 나를 성자라고 불렀다. 그러나 가난을 만드는 구조를 바꾸어야 한다고 말하자, 사람들은 나를 빨갱이라고 불렀다."

돔 에우데르 카마라 대주교의 말이다. 브라질의 빈민 지역에서 활동한 뒤 생을 마감한 카마라 대주교는 활동 초기에 부자들에게 가난한 이들을 위한 구제 활동에 참여해줄 것을 호소했다. 그러나 그가 부자들의 기부에 의한 복지사업으로는 가난의 문제가 근본적으로 해결되지 않는다는 것을 알게 되는 데는 그리 오랜 시간이 걸리지 않았다. 그는 '공적 분배의 제도화' 없는 개인적 선행은 한계가 있거나 불의를 가리는 알리바이로 작용할 수 있다는 점을 지적했다. 나눔이 그저 개인적인 시혜, 온정, 베풂이라는 사적 영역 안에 머물 때, 나눔의 대상이 인간적 자존감에 해를 입을 수 있다는 점을 성찰해야 한다. 그것은 인간에 대한 '존중'과 관련되어 있다. 동정은 존중과 다르다. 동정은 가난한 사람들을 일시적으로 구제할 수 있지만 진정한 의미의 수평적인 사회적 연대를 만들어낼 수 없다. 『레 미제라블』의 작가 빅토르 위고는 "왜 사람들은 온정이나 시혜에 관해서 생각할 때, 모두 받는 쪽이 아닌 주는 쪽에 서 있을까?"라는 물음을 던졌다. 개인적 선행의 한계는 가난한 사람들로 하여금 자긍심을 갖지 못하게 한다는 데 있다. 스스로 자신을 형성할 수 없고 동정에 의존해 살아가야 하는 사람에게는 자긍심이 아니라 부끄러움이 남는다. 그래서 카마라 대주교는 청소부에게 정말 부끄럽게 여겨야 하는 것은 일하느라 거칠어지고 더러워진 손이 아니라, 사람들을 자기중심적인 태도에 머물게 하는 사회구조라고 말했던 것이다.

인간의 존엄성과 보편복지

우리가 가장 중요하게 여겨야 할 것은 인간의 존엄성과 행복 추구권이다. '인간으로서, 사회적 존재로서 존엄함을 누리고 있는가?'라는 물음이 중요하다는 것이다. 우리는 지금 이 시각에도 우리 주위에 인간의 존엄성을 누리지 못하는 장발장들이 존재한다는 사실을 알고 있다. 몸이 아파도 병원에 가지 못하고 누추한 집에 누워 있는 사람들, 절대적 빈곤에 처한 사람들, 노숙인을 비롯해 주거 조건이 열악한 사람들이 그런 사람들이다. 그들도 존엄하게 태어난 존재인데 지금 그 몸이 존엄하지 못한 자리에 처해 있기 때문에 고통과 불행을 느낀다.

문제는 그들에게만 국한되지 않는다. 사람은 미래의 자기 모습을 전망하기 마련인데, 자신의 미래를 설계하기 어려울 때 불안에 빠진다. 이 불안이 오늘의 젊은이들로 하여금 '헬조선'이라고 말하게 만든 배경이라고 해도 틀리지 않는다. 한국은 복지 체제가 아직 낮은 단계에 머물러 있다. 그래서 지금은 인간의 존엄성이 훼손되지 않은 상태에 있다손 쳐도, 앞으로 나와 내 가족이 인간의 존엄성을 보장받지 못하는 처지로 추락할지 모르기 때문에 항상 불안을 느끼게 된다. 특히 IMF 경제 환란을 겪으면서 나와 내 가족의 처지가 인간의 존엄성을 보장받지 못하게 되어도 국가나 사회를 비롯해 그 누구도 나를 도와주지 않는다는 것이 학습되었다. 그 뒤 20여 년의 세월이 지났는데, 괜찮은 일자리는커녕 일자리 자체를 찾기 어려워지면서 불안은 더욱 가중되어 경쟁을 부추기고 경쟁은 다시 불안을 가중시키는 악순환이 되풀이되고 있다. 이것이 오늘 우리 사회의 자화상이다.

불안은 인간의 영혼을 잠식한다. 각자가 나를 어떤 존재로 지을 것인가의 자유를 누릴 수 없다. 불안 때문에 그런 생각 자체를 하지 못한다. 한국 사회는 구성원들로 하여금 전인적 인간을 지향하는 것이 아니라, 미래의 불안 때문에 경제적 존재로만 머물게 한다. 이 사회의 지배적인 가치관은 소유에만 관심이 있고 소유물이 무엇이며 얼마나 되는지가 그 사람의 가치를 규정한다. 그래서 더 많이 소유하기 위해 수단과 방법을 가리지 않는다. 이렇게 물질적 소유가 강조되는 사회에서 각 개인은 소유욕의 포로가 되어 자본 앞에서 자발적 복종이나 굴종을 하게 된다. 인간으로서 자유인의 길을 가지 못하고 자본과 권력에 굴종하는 모습을 보여주는 것이다.

이런 사회의 구성원들은 결코 '오늘'을 누리지 못한다. 미래에 대한 불안 때문에 오늘을 향유하지 못하는 것이다. 러시아의 문호 톨스토이가 말년에 "당신에게 가장 소중한 시간은 언제냐?"고 묻고 "바로 지금이다!"라고, 누구나 알고 있는 대답을 했는데, 우리는 불안 때문에 그렇게 소중한 '바로 지금'을 끊임없이 빼앗기고 있다. 우리 학생들이 처한 현실이 바로 그렇다. 미래에 대한 불안 때문에 소중한 '지금'을 온통 저당 잡힌 세월을 보내고 있기 때문이다.

결국 인간성을 훼손하는 불안의 문제를 극복하기 위해서도 공적 분배를 통한 보편복지의 확충은 반드시 필요한 것이다. 모든 사회 구성원들이 인간의 존엄성을 지킬 수 있도록 해주는 사회, 그렇게 더불어 사는 사회, 사회적 연대가 살아 있는 사회, 모두가 소박하게 살지언정 최소한의 인간 존엄성만큼은 지켜주는 사회로 가야 하는 것이다. 이런 사회 환경에서 구성원들은 자기 자신의 존재를 가꿀 수 있는 여지가 생긴다. '국민소득 3만 불'을 자랑하는 소리가 들린다. 국민 모두에게 '레 미제라블'의 삶이 아닌 존엄한 삶을 가능하게 해줄 부는 이미 한국 사회 안에 충분히 있다는 뜻이다. 우리에게 부족한 것은 물질이 아니라 모든 이웃들에게 존엄한 삶을 보장해줄 수 있는 연대의 정신과 성숙한 정치다. 장발장은행은 그런 사회를 향한 작은 씨앗의 하나일 뿐이다. 빨리 문을 닫는 게 장발장은행의 목적인데, 그러기 위해서는 우리 사회에 '가난의 상태'가 지속되지 않도록 해야 한다. 우리가 바라는 사회를 남이 대신 만들어주지 않는다고 할 때, 시민들의 적극적인 연대활동과 올바른 정치 참여만이 그 길을 열어줄 것이다.

결 : 거칢에 대하여

ⓒ 홍세화 2020

초판 1쇄 발행 2020년 2월 27일

초판 4쇄 발행 2024년 4월 25일

지은이 —— 홍세화

펴낸이 —— 이상훈

편집1팀 —— 김진주 이연재

마케팅 —— 김한성 조재성 박신영 김효진 김애린 오민정

펴낸곳 —— (주)한겨레엔 www.hanibook.co.kr

등록 —— 2006년 1월 4일 제313-2006-00003호

주소 —— 서울시 마포구 창전로 70 (신수동) 화수목빌딩 5층

전화 —— 02) 6383-1602~3 | 팩스 02) 6383-1610

대표메일 —— book@hanien.co.kr

ISBN 979-11-6040-365-7 03300

책값은 뒤표지에 있습니다.

파본은 구입하신 서점에서 바꾸어 드립니다.